텐서플로 첫걸음

텐서플로 첫걸음 : 회귀분석, 군집화, 합성곱 신경망까지 딥 러닝 제대로 입문하기

초판발행 2016년 8월 29일
6쇄발행 2017년 9월 15일

지은이 조르디 토레스 / **옮긴이** 박해선 / **펴낸이** 김태헌
펴낸곳 한빛미디어(주) / **주소** 서울시 서대문구 연희로2길 62 한빛미디어(주) IT출판부
전화 02-325-5544 / **팩스** 02-336-7124
등록 1999년 6월 24일 제10-1779호 / **ISBN** 978-89-6848-490-2 93000

총괄 전태호 / **책임편집** 김창수 / **기획·편집** 이상복
디자인 표지 Studio Folio 내지 김연정 조판 이경숙
영업 김형진, 김진불, 조유미 / **마케팅** 박상용, 송경석, 변지영 / **제작** 박성우, 김정우

이 책에 대한 의견이나 오탈자 및 잘못된 내용에 대한 수정 정보는 한빛미디어(주)의 홈페이지나 아래 이메일로
알려주십시오. 잘못된 책은 구입하신 서점에서 교환해드립니다. 책값은 뒤표지에 표시되어 있습니다.

한빛미디어 홈페이지 www.hanbit.co.kr / 이메일 ask@hanbit.co.kr

지금 하지 않으면 할 수 없는 일이 있습니다.
책으로 펴내고 싶은 아이디어나 원고를 메일(writer@hanbit.co.kr)로 보내주세요.
한빛미디어(주)는 여러분의 소중한 경험과 지식을 기다리고 있습니다.

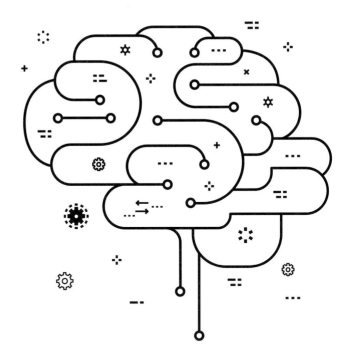

텐서플로 첫걸음

조르디 토레스 지음 ✖ 박해선 옮김

HB 한빛미디어
Hanbit Media, Inc.

많은 데이터 학습을 통한 딥 러닝이 여러 가지 분야에서 매우 뛰어난 성능을 보이고 있고, 또 일부 분야에서는 인간의 능력을 앞서고 있습니다. 이런 시대에 딥 러닝을 잘 이해하고 사용하는 것은 매우 중요한 기술이라 하겠습니다.

이 책은 딥 러닝 기술을 손쉽게 사용하게 해주는 구글의 텐서플로를 매우 쉽게 설명하고 있어 가벼운 마음으로 읽을 수 있습니다. 가볍게 읽을 수 있음에도, 읽고 나면 딥 러닝에 대한 전반적인 이해와 함께 실제로 텐서플로를 사용할 수 있는 지식을 갖출 수 있습니다.

원저자의 책에서는 RNN 부분을 다루지 않아 매우 아쉬웠는데 번역본에는 RNN 부분이 추가되었으므로 딥 러닝을 전체적으로 이해하는 데에도 매우 도움이 될 것입니다.

딥 러닝을 이해하고 실생활과 개발에 사용해보고 싶은 모든 분들에게 권하고 싶은 책입니다.

홍콩 과기대학

김성훈

텐서플로에 관한 한글 책이 나온다는 소식을 듣고 기쁜 마음으로 펜을 들었습니다. 아마 이 책을 통해서 훨씬 더 자세히 이해하시겠지만 텐서플로는 구글이 개발자, 데이터 과학자, 연구자 들을 위해 오픈소스로 공개한 머신 러닝 시스템으로서 누구나 구글에서 이용하고 있는 대용량의 머신 러닝 기술과 동일한 기술을 구축하고 이용할 수 있도록 해줍니다. 특히 텐서플로가 현재 깃허브에서 가장 활발하게 개발 중인 머신 러닝 관련 오픈소스 프로젝트라는 점은 개인적으로 매우 기쁘게 생각합니다. 더욱 많은 개발자들이 기술에 접근하고 협업하고 또 동등하게 그 결과물을 나누고 이용할 수 있다는 점에서 이는 큰 의미를 지닙니다.

한국에서는 최근 이세돌 9단과 알파고의 대결을 통해 머신 러닝 분야에 대한 관심이 크게 늘었는데요. 컴퓨팅 파워의 발전과 함께 그동안 해결되지 못했던 머신 러닝의 문제점들이 하나둘 해결되면서 향후 아주 다양한 분야에서 많은 응용 사례가 나올 것으로 기대하고 있습니다. 이러한 상황에서 한국에서도 많은 개발자들이 머신 러닝과 텐서플로에 관심을 가지고 있는데 이 책을 통해 더욱 많은 개발자들이 이 중요한 기술을 이해하고 유용하게 활용할 수 있기를 기대합니다!

구글 APAC 개발자 생태계 총괄, KLDP 설립 및 운영자

권순선

지은이·옮긴이 소개

지은이 **조르디 토레스** Jordi Torres

카탈루냐 공과대학교(UPC)의 교수이자 바르셀로나 슈퍼컴퓨팅 센터(BSC)의 연구 관리자 및 시니어 고문으로서 25년간 교육과 연구에 종사했습니다. 컴퓨터 엔지니어로서 많은 경험을 쌓았고, 탐험 정신과 기업가 정신에 이끌려 빅데이터 엔지니어에서 데이터 과학자로 영역을 확대했습니다. 슈퍼컴퓨터 아키텍처에서 빅데이터 처리를 위한 미들웨어 런타임으로, 더 최근에는 대용량 데이터 기반의 머신 러닝 플랫폼으로 연구 분야를 옮겨왔습니다. 현재는 차세대 기술 관련 업무에서 컨설팅과 전략적 역할을 담당하고 있습니다. 창의적 사고가이며 영향력 있는 협업가로서 오랜 경력 동안 여러 역할을 맡아왔고, 다양한 조직, 기업에 전문가적 도움을 주었습니다. 예술과 시각디자인에도 관심이 많습니다. 웹사이트 `www.JordiTorres.Barcelona`를 운영하고 있습니다.

옮긴이 **박해선** haesunrpark@gmail.com

CJ E&M MezzoMedia의 시니어 소프트웨어 엔지니어. 홍익대학교 기계공학과를 졸업했고 현대자동차 연구소를 나와 여러 벤처 회사를 거치며 소프트웨어 엔지니어 경력을 쌓았습니다. NHN ACE, 11번가, SK텔레콤, 이베이 코리아, LG전자 등의 프로젝트에서 소프트웨어 설계와 개발에 참여했습니다. 텐서플로 코리아(`facebook.com/groups/TensorFlowKR`) 운영진으로 활동했고, 현재 텐서플로 블로그(`tensorflowkorea.wordpress.com`)와 홍대 머신러닝 스터디(`meetup.com/Hongdae-Machine-Learning-Study`)를 운영하고 있습니다. 한빛미디어에서 『텐서플로 첫걸음』(2016)과 『파이썬 라이브러리를 활용한 머신러닝』(2017)을 우리말로 옮겼습니다.

옮긴이의 말

먼저 이 책을 쓴 조르디 토레스 교수에게 감사의 말을 전하지 않을 수가 없습니다. 책을 번역하면서 정말 많은 것을 배울 수 있었기 때문입니다. 시험 전날 벼락치기 공부를 하던 버릇대로 세상 물정 모르고 지내다가 뒤늦게 허둥대는 제 자신이 부끄러웠습니다. 하지만 이 책이 저와 여러분 모두에게 좋은 출발선이 되었으면 합니다.

원서의 부족한 면을 보충하기 위해 딥 러닝을 간단히 소개하는 한국어판 서문과 RNN을 다루는 부록을 추가했으니 꼭 읽어보시길 권합니다. 또한 원서의 예제 코드는 파이썬 2.7 기준이지만, 한글 설명을 덧붙인 파이썬 3 기반의 노트북 문서를 옮긴이의 깃허브 저장소(http://git.io/v64JG)에 올려놓았습니다. 실습 시 도움이 되면 좋겠습니다.

이 책의 통계 용어는 대부분 한국통계학회의 통계학회 용어집을 따랐고, 알고리즘이나 머신 러닝 분야 용어는 통계학회 용어집을 참고하되 주로 한국어 위키백과 표제어 및 표기를 따랐습니다.

부족한 번역을 완벽하게 재탄생시켜준 한빛미디어 이상복 과장님께 진심으로 감사의 말을 드립니다. 그리고 물심양면 도와주신 니트머스 김용재 대표님과 친구들에게도 감사드립니다. 항상 명랑한 우리 가족(주연이와 진우)에게 함께 있어 너무 고맙다는 말을 하고 싶습니다.

이 책과 텐서플로에 관한 어떠한 이야기도 환영합니다. 제 블로그(http://tensorflowkorea.wordpress.com)와 이메일(haesunrpark@gmail.com)을 통해 여러 독자와 만날 수 있기를 기대하겠습니다.

2016년 7월, 학교 앞 북카페에서

박해선

머신 러닝 분야는 컴퓨팅, 대용량 스토리지, 인터넷 같은 핵심 기술의 발전 덕분에 크게 성장했습니다. 자동화된 머신 러닝은 사람들의 일상생활 속에 있는 많은 기술과 사건에 직간접적으로 영향을 끼쳤습니다. 예를 들어 음성인식이라든가, 핸드폰에서도 가능한 이미지 자동 분류, 스팸 메일 감지 등은 10년 전쯤에는 SF에서나 있을 법한 것이었습니다. 주식시장과 의료 분야에서는 머신 러닝을 활용하여 우리 사회에 큰 반향을 일으켰습니다. 뿐만 아니라 자동 주행 차량, 각종 로봇이나 드론 등이 그리 머지않은 미래에 우리 사회에 영향을 미칠 것입니다.

딥 러닝은 머신 러닝의 한 종류로 2006년에 재조명된 후 엄청난 성장을 하고 있는 분야입니다. 실제로 실리콘밸리의 많은 스타트업이 이를 전문 분야로 삼고 있으며 구글, 페이스북, 마이크로소프트, IBM 같은 테크 공룡들이 개발팀과 연구팀을 운영하고 있습니다. 딥 러닝은 대학이나 연구소 밖에서도 큰 관심을 받고 있습니다. 와이어드 같은 전문 매체와 뉴욕 타임스, 블룸버그, BBC 같은 일반 매체도 딥 러닝에 관한 많은 글을 싣고 있습니다.

이런 관심 덕택에 많은 학생, 기업가, 투자자 들이 딥 러닝 분야로 들어오고 있습니다. 이러한 많은 관심 덕분에 여러 패키지들이 오픈소스로 공개되었습니다. 2012년 박사과정 때 버클리에서 Caffe 라이브러리 개발에 참여한 열혈 팬으로서, 구글(2013년부터 저는 구글에서 일하고 있습니다)에서 개발한 텐서플로가 딥 러닝과 머신 러닝으로 아이디어를 발전시키려는 연구자들과 중소기업들의 주요 도구가 될 것이라고 말할 수 있습니다. 오픈소스화된 이 프로젝트에 많은 엔지니어들과 최고의 연구원들이 참여했다는 것이 이를 보증합니다.

이 책이 흥미진진한 이 분야에서 모험을 시작하려는 독자를 도울 수 있기를 바랍니다. 이 기술을 전파하는 데 노력을 아끼지 않는 저자에게 감사드리고, 저자를 알게 된 것에 기쁨을 느낍니다. 오픈소스로 발표된 지 두 달 만에 이 책의 첫 스페인어 버전이 쓰인 건 기록적인 속도입니다. 이건 바르셀로나의 역동성과 텐서플로가 우리 미래를 흔들어놓을 기술 중 하나가 되리라는 걸 보여주는 한 예일 것입니다.

구글 브레인 연구원

오리올 비날스 Oriol Vinyals

서문

교육은 세상을 바꿀 수 있는 가장 강력한 무기입니다.

– 넬슨 만델라

이 책의 목적은 머신 러닝이라는 놀라운 세계로 지식을 넓히고자 하는 엔지니어들을 돕기 위한 것입니다. 엔지니어 출신이라면 누구든지 자기의 일을 더 가치 있게 만들어줄 딥 러닝이나 머신 러닝 애플리케이션을 찾고 있을 거라 믿습니다.

제 이력을 들어보면 독자들은 왜 이 사람이 딥 러닝 기술에 대해 글을 쓰는 도전을 하는지 궁금해할 것입니다. 제 연구 관심사는 슈퍼컴퓨터 아키텍처와 실행 환경에서 빅데이터 처리를 위한 미들웨어로 조금씩 옮겨왔고 최근에는 대용량 데이터 기반의 머신 러닝 플랫폼으로 바뀌었습니다.

데이터 과학자는 아니고 정확하게는 엔지니어로서 텐서플로 입문서를 만들어 이 분야에 일조했다고 생각합니다. 초보 엔지니어들에게 도움이 될 수 있을 것이고 원한다면 더 깊게 공부할 수 있는 발판이 될 것입니다.

제가 사랑하는 교육 분야에도 이 책이 조금 도움이 되기를 희망합니다. 지식은 구속받지 않아야 하고 모두에게 열려 있어야 합니다. 이런 이유로 이 책의 모든 내용은 웹사이트(http://www.jorditorres.eu/TensorFlow)에 완전히 무료로 공개합니다. 만약 이 책 내용에 도움을 받았고 제 노력에 대해 고마움을 표시하고 싶다면 웹사이트의 기부 버튼을 클릭해주세요. 아니면 인쇄본을 좋아하는 독자는 아마존을 통해서 책을 구입할 수도 있습니다.

스페인어 버전도 있습니다. 사실 이 책은 지난 1월에 쓰여 제가 조직위로 있는 GEMLeB 모임에 제출했던 스페인어 버전을 번역한 것입니다.

이 책을 읽어주셔서 감사합니다! 제 마음이 뿌듯하고 이 책을 쓰길 잘했다는 생각이 듭니다. 제 지인들은 제가 기술을 널리 알리는 데 힘쓴다는 것을 알 겁니다. 그게 제게 힘을 주고 공부를 계속할 수 있게 동기를 부여해줍니다.

> *말로 들은 건 잊어버리고, 가르쳐준 건 기억에 남지만,*
> *함께 참여하면 배우게 됩니다.*
>
> *– 벤저민 프랭클린*

딥 러닝을 이용한 대표적인 애플리케이션 중 하나는 패턴 인식입니다. 프로그래밍을 처음 배울 때 'Hello World'를 프린트하는 것으로 시작하는 전통이 있듯, 딥 러닝에서는 MNIST 손글씨 숫자(`http://yann.lecun.com/exdb/mnist`)를 인식하는 머신 러닝 모델을 만드는 것으로 시작하는 것이 보통입니다. 앞으로 보게 될 첫 번째 신경망 예제를 통해 우리는 텐서플로라는 새로운 기술도 만나게 될 것입니다.

하지만 저는 머신 러닝이나 딥 러닝에 관한 연구 보고서를 쓰려는 게 아니라 텐서플로라는 새로운 머신 러닝 패키지를 가능하면 빠르게 모든 사람에게 알리고 싶은 것입니다. 이런 목적 때문에 일반 독자를 대상으로 쓰려다 보니 일정 부분 의도적으로 단순화한 부분에 대해서는 동료 데이터 과학자들에게 양해를 구합니다.

이 글은 제가 수업을 진행할 때 사용하는 스타일을 따르고 있습니다. 바로 키보드를 직접 두드리면서 배우는 것입니다. 우리는 이걸 '백문이 불여일타^{learn by doing}'라고 부르며, 카탈루냐 공과대학교 교수로서 제 경험에 비추어볼 때 이는 새로운 분야를 처음 시작하는 엔지니어에게 매우 좋은 방법입니다.

이 책은 실용적인 책이므로 가능하면 이론적 배경은 최대한 줄였습니다. 하지만 배우는 데 꼭 필요한 일부 수학적 내용은 포함되었습니다.

독자가 머신 러닝의 기초는 이해하고 있다고 가정하고 몇 가지 잘 알려진 알고리즘들을 사용하여 텐서플로를 배우도록 구성하였습니다.

1장 텐서플로 기본 다지기에서는 텐서플로가 주목받는 배경에 대한 소개와 함께 텐서플로의 기본적인 구조를 설명하고 데이터를 내부적으로 어떻게 관리하는지 간략하게 설명합니다.

2장 선형회귀분석에서는 선형회귀분석을 통해 기본적인 코드 구성을 소개하는 동시에, 비용함수나 경사 하강법 등 머신 러닝을 학습할 때 필요한 중요한 개념에 대해 설명합니다.

3장 군집화에서는 군집화 알고리즘을 소개하고 텐서플로의 기본 자료구조인 텐서에 대해 설명합니다. 그리고 텐서를 만들고 다루는 데 필요한 클래스들과 함수들을 설명합니다.

4장 단일 계층 신경망에서는 손글씨 숫자를 판별하기 위해 계층이 하나인 신경망을 어떻게 만드는지 자세히 설명합니다. 여기에서 앞서 이야기한 모든 개념을 정리하고 하나의 모델을 만들고 테스트하는 전체 과정을 보게 됩니다.

5장 다중 계층 신경망은 신경망의 개념을 설명하는 것으로 시작해서 손글씨 숫자를 좀 더 잘 판별하기 위해 다중 계층 신경망을 어떻게 만드는지 소개합니다. 그리고 합성곱 신경망이 무엇인지도 자세히 설명합니다.

6장 병렬처리에서는 모든 독자에게 해당되진 않겠지만 GPU의 연산 파워를 사용하는 좀 더 특별한 주제에 대해 살핍니다. 1장에서 소개하듯 GPU는 신경망의 학습 과정에서 매우 중요한 역할을 합니다.

7장 마치며에서 몇 가지 클로징 멘트를 언급하며 이 책은 마무리됩니다.

이 책에서 사용한 예제 코드는 모두 깃허브 저장소(https://github.com/jorditorresBCN)에서 다운로드할 수 있다는 것을 잊지 마세요.

CONTENTS

2장 선형회귀분석

3장 군집화

4장 단일 계층 신경망

5장 다중 계층 신경망

한국어판 서문: 딥 러닝에 대하여

최근 주목을 받고 있는 딥 러닝은 어떤 원리로 작동하는 걸까요? 이 책의 원서는 아무런 배경지식도 설명하지 않고 곧장 텐서플로 실습 내용으로 시작하여 아쉬운 점이 있었습니다. 이에 옮긴이로서 한국 독자가 조금이라도 더 쉽게 책을 읽을 수 있게 하기 위해 딥 러닝에 대해 알아야 할 점 몇 가지를 간단히 설명하고 넘어가고자 합니다

0.1 딥 러닝 개념 잡기

어린아이는 자라면서 부모로부터 주변의 사물에 대해서 배우기 시작합니다. 예를 들어 아빠는 소방차 장난감을 가리키며 불자동차라고 여러 번 반복해서 이야기하고, 엄마는 지나가는 소방차의 경적 소리를 듣고 불자동차가 지나간다고 가르쳐줍니다.

어린아이는 처음에는 소방차에 대해 전혀 몰랐지만 시간이 지나면서 부모가 알려준 정보를 가지고 조금씩 소방차에 대한 추상적인 형상을 마음속에 만들어가게 됩니다. 그리고 어느새 붉은색의 네모난 형태를 띠고 커다란 사다리가 달려 있고 큰 경적 소리를 내는 것이 소방차라는 것을 알게 됩니다.

어린아이가 한번 소방차에 대해서 알게 되면, 모습이 조금씩 다르더라도 다른 나라의 소방차도 쉽게 구분할 수가 있게 됩니다. 놀라운 학습 능력 아닐까요? **딥 러닝**은 이러한 사람의 학습 능력을 모방하기 위해 다양한 컴퓨터 알고리즘과 방법론을 연구하는 분야이며, 요즈음 무서울 정도로 빠르게 발전하고 있는 학문 중 하나입니다.

그림 0-1 나라마다 각기 다른 소방차의 모습

위키백과
Wankach

위키백과
Bidgee (CC BY-SA 3.0)

위키백과
100yen (CC BY-SA 3.0)

컴퓨터 과학에서 딥 러닝은 **신경망** 알고리즘을 주로 사용하는 머신 러닝의 한 분야라고 말할 수 있습니다. 기술적으로는 **인공 신경망**이라는 표현이 조금 더 적절할 수 있으나 포괄적인 의미로서 딥 러닝이라고 널리 불리고 있습니다. 신경망이라는 이름에서 알 수 있듯이 딥 러닝은 뇌의 **신경세포**의 구조에서 착안하여 고안된 알고리즘을 사용합니다.

아주 복잡할 것 같은 우리 뇌는 사실은 비교적 단순한 정보를 처리하는 많은 신경세포들로 이루어졌다고 알려져 있습니다. 하나의 신경세포는 다른 신경세포들로부터 정보를 받아 새로운 정보를 생성하며, 생성한 정보는 또 다른 신경세포로 전달됩니다. 이러한 신경세포의 특징을 바탕으로 1957년 프랭크 로젠블랫 Frank Rosenblatt이 개발한 **퍼셉트론** 알고리즘이 딥 러닝과 많은 머신 러닝 알고리즘의 기초가 되었습니다.

0.2 딥 러닝 알고리즘과 신경망 구조

하나의 퍼셉트론은 하나의 신경세포를 인공적으로 모델링한 **뉴런**이라고 이해하면 쉽습니다. 신경세포와 뉴런 모두 영어로는 같은 neuron이지만 용어의 혼돈을 막기 위해 뇌의 뉴런을 표현할 때에는 신경세포라고 부르고, 신경망 알고리즘에서는 그냥 뉴런이라고 쓰겠습니다.

참고로 우리 뇌의 신경세포는 다음 그림과 같이 생겼습니다. 뒤에서 보겠지만 물론 뉴런이 이와 같이 복잡하게 생긴 것은 아닙니다.

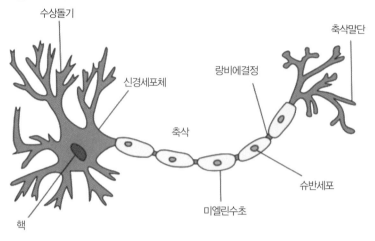

수상돌기

축삭말단

랑비에결정

신경세포체

축삭

핵

미엘린수초

슈반세포

위키백과 Quasar Jarosz (CC BY-SA 3.0)

퍼셉트론 알고리즘이 작동하는 방식은 의외로 간단합니다. 뉴런 하나로 입력되는 정보가 X_1, X_2 두 개라고 할 때 입력 값에 각각 가중치 W_1, W_2를 곱한 후 더합니다. 즉 그 결과 값은 $X_1 \times W_1 + X_2 \times W_2$가 됩니다. 이 값을 어떤 기준과 비교하여 만족스러운 결과가 나오도록 가중치 W_1, W_2를 조금씩 조정해나갑니다. 그 결과 값은 다시 다음 뉴런으로 전달됩니다. 더 자세한 내용은 이 책의 4장에서 살펴볼 것입니다.

신경세포 하나가 처리하는 정보는 단순하지만, 수천 억에서 1조 개에 달하는 많은 수의 신경세포가 거미줄처럼 얽혀 있어 복잡한 정보를 가공할 수 있게 됩니다. 또 이런 신경세포들은 여러 개의 층을 이루어 역할을 담당합니다.

이런 구조와 비슷하게 신경망은 여러 개의 뉴런이 하나의 **계층**을 형성하며, 이런 계층을 다시 여러 개 쌓아 올립니다. 이 시스템은 퍼셉트론 알고리즘처럼 준비된 표본 데이터를 입력받아 원하는 출력 데이터가 만들어지도록 연결된 뉴런끼리 얼마만큼 정보를 주고받을지의 가중치를 매번 조절하여 신경망에 있는 모든 뉴런 간의 연결을 최적화시킵니다. 이런 과정을 모델을 **학습** 또는 **훈련**시킨다고 표현합니다. 모델 학습이 완료되면 샘플 데이터가 아닌 실제 상황의 데이터를 넣어 결과를 얻어내며, 이를 추론^{inference}이라고 말합니다.

신경망에서 데이터를 입력받는 계층을 **입력 계층**이라고 하고 결과값을 만들어내는 계층을 **출력 계층**이라고 부릅니다. 입력 계층과 출력 계층 사이에 하나 이상의 계층이 끼어 있을 때는 이를 **은닉 계층**이라 부르며, 이 구조를 **심층 신경망**(DNN)이라고 부릅니다. 하지만 요즘엔 거의 모든 신경망에 하나 이상의 은닉 계층이 있기 때문에 신경망과 심층 신경망을 특별히 구분하지 않고 혼용하여 사용합니다.

그림 0-3 딥 신경망 구조

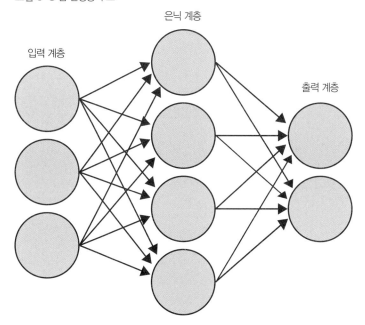

0.3 글도 쓰고 그림도 그리고 음악도 만드는 인공 신경망

딥 러닝은 특별히 각광받는 몇 가지 분야가 있습니다. 대표적으로 이미지 안에서 물체를 인식하거나 이미지의 내용을 요약(캡셔닝)하는 분야나 언어를 번역하고 음성을 인식하는 분야 등입니다. 요즘엔 자율주행 자동차 개발이나 예술 분야에서도 다양하게 접목이 시도되고 있습니다.

이미지 안의 물체를 인식하거나 이미지의 장면을 글로 요약하는 데는 **합성곱 신경망**(CNN) 구조가 많이 사용됩니다. 한 예로 스탠퍼드 대학교의 비전 랩에서는 2015년 말 이미지의 장면을 자세히 글로 요약해주는 덴스캡^{DenseCap}을 개발해 공개했습니다.

그림 0-4 덴스캡의 이미지 요약 예시

a green jacket. a white horse. a man on a horse. two people riding horses. man wearing a green jacket. the helmet is black. brown horse with white mane. white van parked on the street. a paved sidewalk. green and yellow jacket. a helmet on the head. white horse with white face

a plate of food. food on a plate. a blue cup on a table. a plate of food. a blue bowl with red sauce. a bowl of soup. a cup of coffee. a bowl of chocolate. a glass of water. a plate of food. a silver metal container. a small bowl of sauce. table with food on it. a slice of orange. **a table with food on it.** a slice of meat. yellow and white cheese.

스탠퍼드 대학교 비전 랩

2015년 7월, 구글은 딥드림^{DeepDream}이라는 합성곱 신경망 구조를 선보였습니다. 딥드림은 서로 다른 이미지의 패턴을 인식하고 합성하는 방식으로 몽환적인 이미지를 만들어내 큰 관심을 불러일으켰으며 2016년 2월에는 전시회까지

열기도 했습니다. 딥드림의 기술은 영화 〈인셉션〉에서 이름을 딴 인셉셔니즘 Inceptionism으로 불리기도 합니다.

그림 0-5 같은 사진에 딥드림을 적용하기 전후 사진

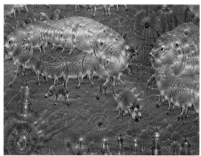

위키백과 MartinThoma

구글의 딥드림 발표 이후 여러 가지 방식으로 인공 신경망을 사진과 그림에 접목하는 연구가 활발해지고 있습니다. 또한 구글, 페이스북, 마이크로소프트 같은 큰 IT 기업부터 실리콘밸리의 많은 스타트업까지 챗봇이나 인공지능 비서 등의 분야에서 많은 발전을 이루어내고 있습니다. 페이스북은 합성곱 신경망과 **순환 신경망**(RNN)을 조합하여 텍스트 분석 엔진인 딥텍스트DeepText를 발표하기도 했습니다.

순환 신경망은 번역이나 음성인식 분야에 주로 많이 사용되지만, 구글의 마젠타 Magenta 프로젝트는 순환 신경망을 이용해 음악을 작곡하는 흥미로운 시도를 하고 있습니다. 아직 초기 단계이긴 하지만 몇 마디 악보를 만들어내는 데는 성공하였습니다.

이와 같은 최근의 딥 러닝 연구에 널리 사용되는 라이브러리가 바로 우리가 이책에서 공부할 텐서플로입니다. 구글의 마젠타 프로젝트에서도 텐서플로를 사용했습니다.

0.4 인공지능의 미래를 향해

딥 러닝에 대한 연구는 업계에서 학계로, 또 학계에서 업계로 밀물과 썰물이 드나들 듯 상호작용하면서 빠르게 성장하고 있습니다. 텐서플로를 만든 구글 브레인 팀을 이끌던 앤드루 응^{Andrew Ng} 스탠퍼드 교수는 딥 러닝 분야에서 손꼽히는 석학 중 한 명입니다. 그가 구글을 떠나 합류한 바이두는 실리콘밸리에 대규모 인공지능 연구소를 설립하고 많은 인재를 모으고 있습니다. 바이두는 이제 딥 러닝에 대한 여러 가지 비전을 과감하게 제시하고 있으며 구글, 페이스북과 어깨를 나란히 하고 싶어 합니다. 최근에는 딥 러닝 프레임워크 패들패들^{PaddlePaddle}(http://www.paddlepaddle.org)을 오픈소스로 공개하면서 딥 러닝 소프트웨어 분야에서도 본격적으로 구글, 페이스북과 경쟁을 시작하였습니다.

페이스북 역시 기존의 인공지능 연구팀인 FAIR^{Facebook AI Research} 팀 외에 AML^{Applied Machine Learning} 팀을 추가로 구성하여, 인공지능 분야 연구의 결과가 페이스북의 제품에 빠르게 적용되도록 노력하고 있습니다. 그 노력으로 이미지 안에 있는 물체의 모양을 정확히 구분하여 분류하는 딥마스크(DeepMask), 샤프마스크(SharpMask), 멀티패스넷(MultiPathNet)을 공개하였습니다.

페이스북에는 뉴욕 대학교의 얀 르쿤^{Yann LeCun} 교수가 합류해 있습니다. 얀 르쿤 교수는 구글의 제프리 힌튼^{Geoffey Hinton} 토론토 대학교 교수와 바이두의 앤드류 응과 더불어 인공지능 분야의 대표적인 리더 중 한 명입니다. 이렇게 대학과 산업 간의 교차점이 많다는 것도 흥미로운 점 같습니다.

이런 큰 회사들은 '알파고'를 만든 딥마인드 같은 인공지능 분야의 벤처를 빠르게 흡수하고 있습니다. 이는 실리콘밸리에 있는 벤처에만 국한되지 않으며, 전 세계적으로 두각을 나타내는 벤처와 인재를 구하려고 열을 올리고 있는 것이 사실입니다.

구글의 CEO 선다 피차이^{Sundar Pichai}가 이야기한 것처럼 정말 'AI 퍼스트'란 급류가 우리를 목적지도 모르는 곳으로 빠르게 떠내려가게 하고 있습니다. 하루가 멀다 하고 쏟아지는 많은 논문과 오픈소스 중에서 어떤 것을 보고 읽어야 할지 구분하는 것조차 쉽지 않습니다.

하지만 모든 놀라운 일들의 시작점은 단순하고 명확합니다. 바로 지금 함께 노력하는 것이죠. 이 책으로 텐서플로와 딥 러닝의 기초를 잡고 멋진 일을 시작하는 데 밑거름을 얻길 바랍니다.

박해선

1장

텐서플로 기본 다지기

이번 장에서는 텐서플로의 코드와 프로그래밍 모델이 어떤 건지 간략히 소개합니다. 이 장 후반부에 가면 독자는 자기 컴퓨터에 텐서플로를 설치할 수 있을 겁니다.

1.1 오픈소스 패키지

머신 러닝은 수십 년간 학계가 주도를 해왔지만 최근 수년간 기업에서도 연구활동이 활발해졌습니다. 기업이 보유한 대량의 데이터와 전례 없는 최신 컴퓨팅 성능 덕택일 것입니다.

이런 맥락에서 머신 러닝 기술을 자사의 프로토타입과 제품에 핵심 역할로 사용하는 대표적인 기업으로 구글을 꼽을 수 있습니다.

2015년 10월 구글의 매출과 이익이 크게 늘어난 분기 실적을 발표할 때, 선다 피차이 구글 CEO는 "머신 러닝은 우리가 하는 모든 일에 대해 다시 생각해보게 만드는 핵심적이고 변화무쌍한 도구입니다"라고 분명하게 말했습니다.

기술적으로 보면 우리는 격변의 시기를 마주하고 있습니다. 구글뿐만이 아니라 마이크로소프트, 페이스북, 아마존, 애플 같은 기술 기반 기업들이 이 분야에 집중적으로 투자하고 있습니다.

이런 맥락에서 2015년 11월 구글은 텐서플로 엔진을 오픈소스 라이선스(아파치 2.0)로 공개했습니다. 구글이 지메일, 구글 포토, 구글 검색, 음성인식 같은 상용 제품에 텐서플로를 사용했던 것처럼, 자신의 프로젝트나 제품에 머신 러닝을 적용하고 싶은 개발자나 연구원은 누구나 텐서플로를 사용할 수 있게 되었습니다.

원래 텐서플로는 머신 러닝과 심층 신경망 연구를 수행하는 구글 브레인 팀에서 개발되었지만, 일반적인 머신 러닝 문제에도 폭넓게 적용하기에 충분합니다.

제가 엔지니어고 또 엔지니어에게 말하는 것이기 때문에 이 책에서는 어떻게 알고리즘이 데이터 플로 그래프data flow graph로 표현되는지 자세히 알아보겠습니다. 텐서플로는 데이터 플로 그래프를 사용해서 수치 연산을 하는 라이브러리라고 볼 수 있습니다. 그래프의 노드node는 수학 연산을 나타내고 노드를 연결하는 그래프의 에지edge는 다차원 데이터 배열array을 나타냅니다.

텐서플로는 수치 연산을 기호로 표현한 그래프 구조를 만들고 처리한다는 기본 아이디어를 바탕으로 구현되었습니다. 텐서플로는 CPU, GPU의 장점을 모두 이용할 수 있고 안드로이드나 iOS 같은 모바일 플랫폼은 물론 맥 OS X와 같은 64비트 리눅스에서도 바로 사용할 수 있습니다.

텐서플로의 또 다른 강점은 알고리즘이 어떻게 돌아가고 있는지 알려주기 위해 많은 정보를 모니터링하고 디스플레이해주는 텐서보드TensorBoard 모듈입니다. 좀 더 좋은 모델을 만들기 위해서는 알고리즘의 동작을 조사하고 디스플레이해보는 것이 매우 중요합니다. 많은 사람이 시행착오를 통한 불분명한 과정으로 모델을 만들고 있는데 이건 당연히 리소스와 시간을 낭비하는 일입니다.

1.2 텐서플로 서빙

2016년 2월 구글에서는 텐서플로의 머신 러닝 모델을 운영production 환경으로 배포하는 것을 도와주는 **텐서플로 서빙**TensorFlow Serving (`https://git.io/voD9n`)을 론칭했습니다(심지어 다른 패키지의 모델로도 확장할 수 있습니다). 텐서플로 서빙은 아파치 2.0 라이선스로 깃허브에 올린 오픈소스이며 C++로 작성되었습니다.

텐서플로와 텐서플로 서빙의 차이점은 뭘까요? 텐서플로가 입력된 데이터를 가지고 머신 러닝 알고리즘을 만들고 모델을 훈련시키는 걸 도와주는 것이라면, 텐서플로 서빙은 이 모델을 운영 환경에서 사용할 수 있도록 도와줍니다. 텐서플로로 모델을 훈련시키고 나서, 클라이언트로부터 들어오는 입력 데이터를 반영하는 데 텐서플로 서빙 API를 사용합니다.

개발자들은 실제 환경의 데이터로 시스템의 구조와 API를 안정적으로 유지하면서 대규모의 모델들을 바꿔가면서 테스트할 수 있습니다.

전형적인 작업 파이프라인은 다음 그림과 같습니다. 학습기에 훈련 데이터를 공급하고, 모델을 만든 다음 검증 절차를 거쳐서 텐서플로 서빙 시스템에 배포합니다. 모델을 론칭한 다음, 새로운 데이터가 생겨서 혹은 모델을 개선하기 위해 이러한 작업을 되풀이합니다. 실제 구글이 블로그 글(https://goo.gl/xwDVbD)에서 밝힌 것처럼, 많은 작업 파이프라인이 끊임없이 돌아가고 있으며 새로운 데이터가 입수될 때마다 새로운 버전의 모델이 만들어지고 있습니다.

그림 1-1 텐서플로 서빙 파이프라인

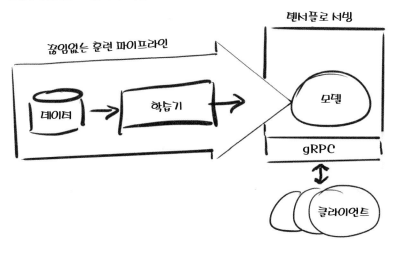

개발자들은 gRPC(구글에서 오픈소스로 공개한 고성능 RPC 프레임워크)를 이용하는 텐서플로 서빙 시스템을 통해 프론트엔드 시스템과 통신합니다. 텐서플로 서빙에 대해 더 알고 싶다면 텐서플로 서빙 사이트에서 'Architecture Overview' 페이지를 읽어보고 환경설정을 한 다음 'TensorFlow Serving Basics' 페이지에 있는 기본 튜토리얼을 따라 해보길 권합니다.

1.3 텐서플로 설치

이제 직접 해볼 시간입니다. 지금부터는 책을 읽으면서 예제를 따라서 실습을 해보시길 권합니다.

텐서플로의 파이썬 API(C/C++ API도 있습니다)를 사용하려면 파이썬 2.7 버전을 설치해야 합니다.[1] 이 책을 읽는 엔지니어라면 파이썬을 어떻게 설치하는지는 알고 있다고 가정하겠습니다.

일반적으로 파이썬으로 작업을 할 때는 virtualenv라는 가상 환경을 사용해야 합니다. virtualenv는 한 컴퓨터에서 여러 프로젝트를 작업할 때 파이썬 패키지의 의존성이 충돌하지 않도록 관리해주는 툴입니다. 즉 virtualenv를 사용하여 텐서플로를 설치하면 의존성 때문에 같이 설치되는 패키지들이 다른 프로젝트에서 설치한 같은 패키지들을 덮어쓰지 않게 됩니다.[2]

우선 pip와 virtualenv를 다음 명령으로 설치합니다.[3]

---

1 3.5 이상의 파이썬을 사용하는 것도 가능합니다. 특히 윈도우에서 pip로 간편하게 설치하려면 3.5 이상 파이썬을 반드시 미리 설치해야 합니다(pip가 포함되어 있습니다). 이하 이 책의 모든 각주는 옮긴이 주석입니다.
2 Anaconda를 설치한 경우라면 conda 명령을 이용해서도 가상 환경을 관리할 수 있지만, 구글에서 공식적으로 지원하는 방법은 아닙니다.
3 도커(Docker) 이미지를 이용해 텐서플로를 설치하는 방법도 있지만, 이 책에서는 다루지 않습니다.

```
# 우분투/리눅스 64비트
$ sudo apt-get install python-pip python-dev python-virtualenv

# 맥 OS X
$ sudo easy_install pip
$ sudo pip install --upgrade virtualenv

# 윈도우(pip는 설치되어 있다고 가정)
pip install --upgrade virtualenv
```

그다음 ~/tensorflow 디렉터리에 virtualenv 환경을 만듭니다.[4]

```
$ virtualenv --system-site-packages ~/tensorflow
```

이제 다음과 같이 virtualenv를 활성화합니다.[5]

```
$ source ~/tensorflow/bin/activate    #bash 사용 시
$ source ~/tensorflow/bin/activate.csh    #csh 사용 시
(tensorflow)$
```

활성화된 후에는 명령줄 시작 부분에 현재 작업하고 있는 virtualenv의 이름이 나타나게 됩니다. virtualenv가 활성화되었으므로 pip를 이용해 텐서플로를 설치하겠습니다.[6]

---

4 윈도우에서는 virtualenv --system-site-packages tensorflow라고 실행하면 현재 경로 아래에 tensorflow라는 가상 환경 폴더가 생성됩니다.

5 윈도우에서는 현재 위치에서 Scripts\activate라고 입력하면 가상 환경이 활성화되고 프롬프트가 바뀔 것입니다.

6 최신 버전의 텐서플로를 설치하는 방법은 옮긴이의 블로그(https://tensorflowkorea.wordpress.com)를 참고해주세요. 여기에서는 2017년 3월 기준 최신 정식 버전인 1.0.0을 설치하는 명령을 예로 들었습니다.

```
# 우분투/리눅스 64비트, CPU만 사용
(tensorflow)$ sudo pip install --upgrade tensorflow

# 맥 OS X, CPU만 사용
(tensorflow)$ sudo easy_install --upgrade six
(tensorflow)$ sudo pip install --upgrade tensorflow

# 윈도우, CPU만 사용(파이썬 3.5 버전만 지원)
(tensorflow)> pip install --upgrade tensorflow
```

설치 시 발생하는 문제 해결법에 대해서는 공식 설치 문서(https://www.tensorflow.org/install)를 참고하세요.[7]

사용하고 있는 플랫폼이 GPU를 가지고 있으면 설치해야 할 패키지가 다릅니다. 공식 문서를 참고해서 시스템의 GPU가 텐서플로가 지원하는 스펙에 부합되는 것인지 확인해야 합니다. 텐서플로 GPU 버전을 이용하려면 추가적인 소프트웨어를 설치해야 합니다. 이 역시 텐서플로 공식 설치 문서를 참고해주세요. GPU를 이용하는 내용은 6장에 나오므로 그때 설치해도 됩니다.

마지막으로, 작업을 마쳤을 때는 가상 환경을 빠져나와야 합니다.

```
(tensorflow)$ deactivate
```

이 책은 입문서로 쓰였으므로 텐서플로를 설치하는 다른 방법들에 대해서는 자세히 다루지 않겠습니다. 공식 문서를 참고해주세요.

---

7 흔한 오류 중 Cannot remove entries from nonexistent file .../easy-install.pth 에러가 발생한다면 먼저 pip install --upgrade --ignore-installed setuptools를 실행 후 다시 텐서플로를 설치해보세요.

1.4 첫 텐서플로 코드

서두에 이야기했듯이 텐서플로라는 행성을 탐험하기 위해 이론은 조금만 다루고 실습을 많이 해보겠습니다. 바로 시작하죠.

실습은 텍스트 편집기를 사용해서 파이썬 코드를 작성하고 .py 확장자로 저장한 다음 실행하는 방식이 일반적입니다. 예를 들어 test.py라고 저장했다면 python test.py 명령으로 이 파일을 실행합니다. IPython이나 주피터 노트북을 이용하면 더 편리하므로 그렇게 하기를 권합니다.

텐서플로 프로그램이 어떤지 처음 맛보기 위해 간단한 곱셈 프로그램을 만들어 보겠습니다. 코드는 다음과 같습니다.[8]

```
import tensorflow as tf

a = tf.placeholder("float")
b = tf.placeholder("float")

y = tf.multiply(a, b)

sess = tf.Session()

print sess.run(y, feed_dict={a: 3, b: 3})
```

이 코드가 하는 일을 살펴보겠습니다. 먼저 텐서플로 파이썬 모듈을 임포트한 후, 프로그램 실행 중에 값을 변경할 수 있는 플레이스홀더placeholder라는 '심벌릭' 변수 두 개를 정의합니다. 그다음 텐서플로에서 제공하는 곱셈 함수를 호출할 때 이 두 변수를 매개변수로 넘깁니다. tf.multiply는 텐서(Tensor)를 조작하기 위해 텐서플로가 제공하는 많은 수학 연산 함수 중 하나입니다. 텐서란 동적 크기를 갖는 다차원 데이터 배열이라고 생각하면 됩니다.

---

8 파이썬 3 이상에서는 print 문에 괄호를 사용해야 합니다.

곱셈 외에도 여러 수학 함수가 있습니다. 몇 가지 주요 수학 함수는 다음 표와 같습니다.[9]

표 1-1 수학 함수

함수	설명
tf.add	덧셈
tf.subtract	뺄셈
tf.multiply	곱셈
tf.div	나눗셈의 몫(파이썬 2 스타일)
tf.truediv	나눗셈의 몫(파이썬 3 스타일)
tf.mod	나눗셈의 나머지
tf.abs	절댓값을 리턴합니다.
tf.negative	음수를 리턴합니다.
tf.sign	부호를 리턴합니다.
tf.reciprocal	역수를 리턴합니다.
tf.square	제곱을 계산합니다.
tf.round	반올림 값을 리턴합니다.
tf.sqrt	제곱근을 계산합니다.
tf.pow	거듭제곱 값을 계산합니다.
tf.exp	지수 값을 계산합니다.
tf.log	로그 값을 계산합니다.
tf.maximum	최댓값을 리턴합니다.
tf.minimum	최솟값을 리턴합니다.
tf.cos	코사인 함수 값을 계산합니다.
tf.sin	사인 함수 값을 계산합니다.

---

9 텐서플로는 이외에도 많은 기본적인 수학 함수를 제공합니다. 상세한 내용은 '수학' API 문서(https://goo.gl/sUQy7M)를 참고해주세요.

텐서플로는 행렬 연산용 함수도 여럿 제공합니다. 몇 가지 연산을 다음 표에 적었습니다.[10]

표 1-2 행렬 연산 함수

함수	설명
tf.diag	대각행렬을 리턴합니다.
tf.transpose	전치행렬을 리턴합니다.
tf.matmul	두 텐서를 행렬곱한 결과 텐서를 리턴합니다.
tf.matrix_determinant	정방행렬의 행렬식 값을 리턴합니다.
tf.matrix_inverse	정방행렬의 역행렬을 리턴합니다.

그다음 중요한 것 중 하나는 심벌릭 표현으로 된 수식을 계산하기 위해 세션을 생성하는 것입니다. 사실 sess = tf.Session() 앞까지는 아무것도 실행되지 않습니다. 저는 텐서플로가 머신 러닝 알고리즘을 표현하는 인터페이스 측면과 알고리즘을 실행하는 프로그램으로서의 측면을 모두 가지고 있다는 것을 강조하고 싶습니다.

Session() 함수를 통해 세션을 생성함으로써 프로그램은 텐서플로 라이브러리와 상호작용하게 됩니다. 즉 세션을 생성하여 run() 메서드를 호출할 때 비로소 심벌릭 코드가 실제 실행됩니다. 예제에서는 run() 메서드에 feed_dict 인수로 변수의 값을 넘겼습니다. 입력된 수식이 계산되면 곱의 결과인 9.0을 프린트하고 종료됩니다.

이 간단한 예제에서 텐서플로 프로그램의 일반적인 구조를 알 수 있습니다. 즉, 전체 알고리즘을 먼저 기술하고, 그다음 세션을 생성하여 연산을 실행하는 형태입니다.

---

10 텐서플로는 이외에도 많은 행렬 함수를 제공합니다. 상세한 내용은 API 문서 중 '행렬 수학 함수' 항목(https://goo.gl/IP0GRR)을 참고해주세요.

때로는 프로그램을 구성할 때 코드의 일부분만 계산을 수행하면서 그래프 구조를 만들어가고 싶을 때도 있을 겁니다. 이런 경우에는 IPython 같은 대화형 환경을 사용해야 좋을 것입니다. 텐서플로는 이런 용도에 쓸 수 있도록 `tf.interactiveSession` 클래스도 제공합니다. 이런 프로그래밍 모델의 배경에 대해 설명하는 것은 이 책의 범위를 벗어나므로 이런 클래스도 있다는 정도만 알아두고 넘어가겠습니다.

이후 장을 계속 진행하기 위해 꼭 알아둬야 할 점은, 연산과 데이터에 대한 모든 정보는 그래프 구조 안에 저장된다는 사실입니다. 그래프 구조는 수학 계산을 표현합니다. 노드는 수학 연산을 나타내고 데이터 입력과 출력의 위치를 나타내거나 저장된 변수를 읽거나 씁니다. 에지는 입력 값과 출력 값으로 연결된 노드 사이의 관계를 표현하고 그와 동시에 텐서플로의 기본 자료구조인 텐서를 운반합니다.

텐서플로는 그래프 구조로 표현된 정보를 이용해서 트랜잭션 간의 의존성을 인식하고 노드에 입력 데이터로 들어올 텐서가 준비될 때 디바이스[11]에 비동기적으로 그리고 병렬적으로 연산을 할당합니다.

병렬처리 덕택에 계산 비용이 많이 드는 복잡한 알고리즘도 빠르게 실행할 수 있습니다. 또 텐서플로는 복잡한 연산을 효율적으로 처리하도록 구현되어 있습니다. 게다가 GPU 같은 특별한 디바이스에 맞도록 연산 처리를 구현한 커널[12]을 가지고 있습니다. 주요 연산/커널은 다음과 같습니다.

---

11 CPU 또는 GPU
12 여기서 커널은 디바이스별로 연산 로직을 구현한 코드를 말합니다. 텐서플로 백서를 참고하세요(http://goo.gl/CNSdsB).

표 1-3 카테고리별 연산

연산 카테고리	연산 예
수학	Add, Sub, Mul, Div, Exp, Log, Greater, Less, Equal
배열	Concat, Slice, Split, Constant, Rank, Shape, Shuffle
행렬	MatMul, MatrixInverse, MatrixDeterminant
신경망	SoftMax, Sigmoid, ReLU, Convolution2D, MaxPool
세션	Save, Restore
큐잉과 동기화	Enqueue, Dequeue, MutexAcquire, MutexRelease
흐름 제어	Merge, Switch, Enter, Leave, NextIteration

1.5 디스플레이 패널 텐서보드

텐서플로는 더 범용적으로 사용될 수 있도록 시각화 툴인 **텐서보드**TensorBoard를 포함합니다. 텐서보드는 프로그램을 최적화하고 디버깅하는 기능을 제공합니다. 텐서보드에서는 도식화한 그래프의 각 부분에 대한 상세 정보와 매개변수들에 대한 여러 통계 데이터를 볼 수 있습니다.

텐서보드에 나타나는 데이터는 **요약 명령**summary operation으로 취득할 수 있는 데이터로서 텐서플로가 실행되는 동안 생성되며 추적 파일에 저장됩니다. 텐서플로 API 문서 중 '요약 명령' 항목(https://goo.gl/vUIv5S)에서 자세한 설명을 참고하세요.

텐서보드를 실행하는 것은 간단합니다. 명령줄에서 추적 정보가 담긴 파일의 디렉터리를 인수로 지정하여 실행시키면 됩니다.

```
(tensorflow)$ tensorboard --logdir=추적 파일 디렉터리
```

그리고 간단하게 브라우저에서 `http://localhost:6006`으로 접속하면 됩니다.[13] 구글 크롬을 이용하는 것을 권장합니다.

텐서보드에 대한 자세한 설명은 이 책의 범위를 벗어납니다. 텐서보드가 어떻게 동작하는지에 대한 자세한 설명은 텐서플로 사이트에서 텐서보드 문서 (`https://goo.gl/BgHHSI`)를 참고하세요.

---

13 포트 번호 6006은 goog 글자를 뒤집은 것이라고 합니다.

2장

선형회귀분석

이번 장에서는 텐서플로를 사용해 간단한 선형회귀분석 모델을 만들어보겠습니다. 예제를 통해서 기본적인 코드를 살펴보는 것과 동시에, 비용함수와 경사 하강법 등 중요한 개념을 살펴보고 실행하는 방법을 알아보겠습니다.

2.1 변수 간의 관계에 대한 모델

선형회귀분석linear regression은 변수들 사이의 관계를 분석하는 데 사용하는 통계학적 방법입니다. 이 방법의 장점은 알고리즘의 개념이 복잡하지 않고 다양한 문제에 폭넓게 적용할 수 있다는 것입니다. 이런 이유로 텐서플로를 배우기 시작하는 데 선형회귀분석의 예는 아주 적합합니다.

선형회귀분석은 독립변수 x_i, 상수항 b와 종속변수 y 사이의 관계를 모델링하는 방법입니다. 두 변수 사이의 관계일 경우 단순회귀라고 하며 여러 개의 변수를 다루는 다중회귀도 있습니다.

이번 장에서는 텐서플로가 어떻게 동작하는지 설명하기 위해 y = W * x + b 형태의 간단한 선형회귀분석 모델을 만들 것입니다. 그러기 위해 먼저 2차원 좌표계에 데이터를 생성하는 파이썬 프로그램을 만들고 이 샘플 데이터에 들어맞는 최적의 직선을 텐서플로로 찾도록 하겠습니다.

첫 번째 할 일은 좌표 값들을 생성하는 것입니다. 이를 위해 먼저 numpy 패키지를 임포트합니다.

```
import numpy as np
```

실제로 좌표 값들을 생성하는 코드는 다음과 같습니다.[1]

---

1 파이썬 3 이상에서는 xrange 대신 range를 사용해야 합니다.

```
num_points = 1000
vectors_set = []

for i in xrange(num_points):
    x1 = np.random.normal(0.0, 0.55)
    y1 = x1 * 0.1 + 0.3 + np.random.normal(0.0, 0.03)
    vectors_set.append([x1, y1])


x_data = [v[0] for v in vectors_set]
y_data = [v[1] for v in vectors_set]
```

이 코드는 y = 0.1 * x + 0.3 관계를 가지는 데이터를 생성합니다. 여기에다가 정규분포^{normal distribution}를 따르는 약간의 변동 값을 더해 직선과 완전히 일치하지는 않게 했습니다. 예제를 더 현실적이고 흥미롭게 만든 거죠.

이 경우 데이터들의 점을 그림으로 그려보면 다음과 같이 나올 것입니다.

그림 2-1 생성된 데이터 예

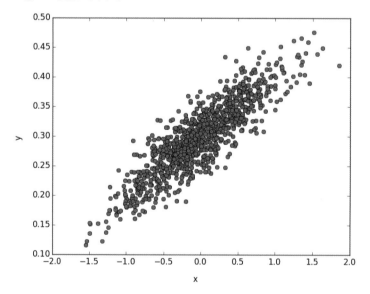

이렇게 그림을 그리는 코드는 다음과 같습니다.

```
import matplotlib.pyplot as plt

plt.plot(x_data, y_data, 'ro')
plt.show()
```

이를 실행하려면 `matplotlib` 패키지가 필요한데 `pip install matplotlib` 명령을 통해 설치할 수 있습니다.[2]

이렇게 만든 데이터는 이후 모델을 만들기 위한 학습 데이터로 사용될 것입니다.

2.2 비용함수와 경사 하강법 알고리즘

다음 단계는 입력 데이터 x_data로부터 출력 값 y를 추정^{estimate}할 수 있는 학습 알고리즘을 훈련시키는 것입니다. 우리는 이미 이 모델이 선형회귀라는 것을 알고 있으므로 두 개의 매개변수 W와 b로 모델을 표현할 수 있습니다.

입력 데이터 x_data를 이용해 출력 데이터 y_data를 만들 수 있는 최적의 매개변수 W와 b를 찾도록 텐서플로 코드를 만드는 것이 목적입니다. 이를 직선으로 나타내면 y_data = W * x_data + b와 같을 것입니다. 물론 우리는 W가 0.1, b가 0.3에 근사한 값이어야 한다는 걸 알지만, 텐서플로는 이를 알 수 없으므로 스스로 찾아내야 합니다.

이런 문제를 푸는 기본 방법은 데이터 셋의 값들을 반복하여 적용하면서 매번

---

2 주피터 노트북에서 그림이 나오지 않는다면 코드에 %matplotlib inline 행을 추가해야 합니다.

더 정확한 결과를 얻기 위해 W와 b 매개변수를 수정하는 것입니다. 반복이 일어
날 때마다 개선되고 있는지 확인하기 위해 얼마나 좋은(나쁜) 직선인지를 측정
하는 **비용함수**^{cost function}를 정의할 것입니다. 비용함수는 **오차함수**^{error function}라고도
합니다.

이 함수는 W와 b를 매개변수로 받아 직선이 얼마나 데이터에 잘 맞는지를 기초
로 하여 오차 값을 리턴합니다. 이 예제에서는 비용함수로 **평균제곱오차**^{mean square}
^{error}를 사용합니다. 평균제곱오차는 실제 값과 알고리즘이 반복마다 추정한 값
사이의 거리를 오차로 하는 값의 평균입니다.

나중에 비용함수를 비롯해서 다른 방법들에 대해서 조금 더 자세히 다루겠습니
다만, 여기서는 평균제곱오차를 이용해 예제를 차례대로 진행하는 것에 중점을
두겠습니다.

이제 설명했던 모든 것을 텐서플로를 사용해 프로그래밍할 시간입니다. 먼저 아
래 코드처럼 변수를 세 개 만듭니다.

```
import tensorflow as tf

W = tf.Variable(tf.random_uniform([1], -1.0, 1.0))
b = tf.Variable(tf.zeros([1]))
y = W * x_data + b
```

Variable 메서드를 호출하면 텐서플로 내부의 그래프 자료구조에 만들어질 하
나의 변수를 정의하게 된다고 이해하면 됩니다. 나중에 이 메서드의 매개변수에
대해 더 자세히 보도록 하겠습니다. 지금은 예제를 완성하기 위해 다음 단계로 넘
어가겠습니다.

이 변수들을 이용해서 앞서 이야기했던 대로 실제 값과 y = W * x + b로 계산
한 값 사이의 거리를 기반으로 비용함수를 만들겠습니다. 이 거리에 제곱을 하고,

그 합계에 대한 평균을 냅니다. 텐서플로에서는 이 비용함수를 다음과 같이 나타냅니다.

```
loss = tf.reduce_mean(tf.square(y - y_data))
```

이 코드는 우리가 이미 알고 있는 값 y_data와 입력 데이터 x_data에 의해 계산된 y 값 사이의 거리를 제곱한 것의 평균을 계산합니다.

어쩌면 벌써 샘플 데이터에 가장 잘 맞는 직선은 오차 값이 가장 작은 직선이라는 걸 눈치챈 독자가 있을지 모르겠습니다. 오차함수를 최소화하면 데이터에 가장 잘 들어맞는 모델을 얻은 것입니다.

너무 자세히 들어가지 않겠지만, 이것이 함수 값을 최소화하는 최적화 알고리즘인 **경사 하강법**gradient descent이 하는 역할입니다. 이론적으로 말해 경사 하강법은 일련의 매개변수로 된 함수가 주어지면 초기 시작점에서 함수의 값이 최소화되는 방향으로 매개변수를 변경하는 것을 반복적으로 수행하는 알고리즘입니다. 함수의 **기울기**gradient를 음의 방향 쪽으로 진행하면서 반복적으로 최적화를 수행합니다. 보통 양의 값을 만들기 위해 거리 값을 제곱하며, 기울기를 계산해야 하므로 오차함수는 미분 가능해야 합니다.

경사 하강법 알고리즘은 매개변수(W와 b)의 초기 값에서 시작해서 이러한 방법으로 W와 b를 수정해가며 결국에는 오차함수를 최소화하는 변수 값을 찾아냅니다.

이 알고리즘을 텐서플로에서 사용하는 코드는 다음과 같습니다.

```
optimizer = tf.train.GradientDescentOptimizer(0.5)
train = optimizer.minimize(loss)
```

현재 이 코드에서 알아야 할 것은 두 가지입니다. 하나는 이 코드를 실행함으로써 텐서플로가 내부 자료구조 안에 관련 데이터를 생성했다는 점, 또 하나는 이 구조 안에 **train**에 의해 호출되는 옵티마이저optimizer가 구현되었으며, 이 옵티마이저는 앞에서 정의한 비용함수에 경사 하강법 알고리즘을 적용한다는 점입니다. 이 예제에서 0.5로 지정한 매개변수는 학습 속도라고 합니다. 학습 속도에 대해서는 조금 뒤에 설명하겠습니다.

2.3 알고리즘 실행

여기까지 텐서플로 라이브러리를 호출하는 코드는 단지 내부 그래프 구조에 정보를 추가한 것일 뿐 텐서플로의 런타임은 아직 아무런 알고리즘도 실행하지 않았습니다. 따라서 1장에서 한 것처럼 세션을 생성하고, run 메서드에 **train** 매개변수를 넣어 호출해야 합니다. 또한 앞에서 변수들을 선언했으므로 다음과 같이 이들을 먼저 초기화해야 합니다.

```
init = tf.global_variables_initializer()

sess = tf.Session()
sess.run(init)
```

이제 입력 데이터에 최적화된 직선의 W와 b를 찾기 위해 반복적인 프로세스를 실행합니다. 훈련 과정은 원하는 정확도에 다다를 때까지 계속됩니다. 이 예제에서는 예를 들어 8번의 반복이면 충분할 것 같다고 가정한다면 다음과 같이 쓸 수 있습니다.

```
for step in xrange(8):
    sess.run(train)

print sess.run(W), sess.run(b)
```

코드를 실행하면 우리가 이미 알고 있는 값과 가까운 W와 b를 보여줄 겁니다. 제가 실행했을 때 출력된 결과 중 하나는 다음과 같았습니다.

```
(array([ 0.09150752], dtype=float32), array([ 0.30007562], dtype=float32))
```

그림으로 결과를 보고 싶다면 아래 코드를 참고하세요.

```
plt.plot(x_data, y_data, 'ro')
plt.plot(x_data, sess.run(W) * x_data + sess.run(b))
plt.xlabel('x')
plt.ylabel('y')
plt.show()
```

예를 들어 8번의 반복으로 W = 0.0854, b = 0.299를 얻었을 때 직선은 다음과 같았습니다.

그림 2-2 8번의 반복으로 얻은 직선의 예

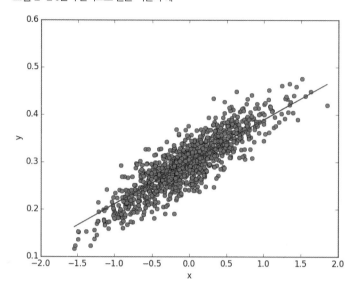

간단하게 설명하기 위해 8번만 반복했지만, 더 진행한다면 좀 더 원래 값과 가까운 매개변수를 얻을 수 있을 것입니다.

각 반복마다 W와 b가 어떻게 변화하는지 궁금하지 않나요? 위 코드를 조금 바꿔 출력문을 for 루프 안으로 넣어보겠습니다.

```
for step in xrange(8):
    sess.run(train)
    print step, sess.run(W), sess.run(b)
```

출력 결과는 다음과 같습니다.

```
(0, array([-0.04841119], dtype=float32), array([ 0.29720169], dtype=float32))
(1, array([-0.00449257], dtype=float32), array([ 0.29804006], dtype=float32))
(2, array([ 0.02618564], dtype=float32), array([ 0.29869056], dtype=float32))
(3, array([ 0.04761609], dtype=float32), array([ 0.29914495], dtype=float32))
```

```
(4, array([ 0.06258646], dtype=float32), array([ 0.29946238], dtype=float32))
(5, array([ 0.07304412], dtype=float32), array([ 0.29968411], dtype=float32))
(6, array([ 0.08034936], dtype=float32), array([ 0.29983902], dtype=float32))
(7, array([ 0.08545248], dtype=float32), array([ 0.29994723], dtype=float32))
```

이 알고리즘이 초기 값은 W = −0.0484, b = 0.297로 시작해서 비용함수를 최소화하도록 매개변수를 조정해갔음을 관찰할 수 있습니다.

비용함수가 감소하는 것을 확인하기 위해 앞의 코드에서 출력문을 바꿔보겠습니다.

```
for step in xrange(8):
    sess.run(train)
    print step, sess.run(loss)
```

출력 결과는 다음과 같은 식으로 나올 것입니다.

```
(0, 0.015878126)
(1, 0.0079048825)
(2, 0.0041520335)
(3, 0.0023856456)
(4, 0.0015542418)
(5, 0.001162916)
(6, 0.00097872759)
(7, 0.00089203351)
```

알고리즘이 어떻게 매개변수를 조정하는지 눈으로 확인하려면 매 반복마다 그림을 그려보면 좋을 것입니다. 코드와 같이 8번 반복 시 그림이 변화한 한 예는 다음과 같습니다.

그림 2-3 직선이 변화하는 모습

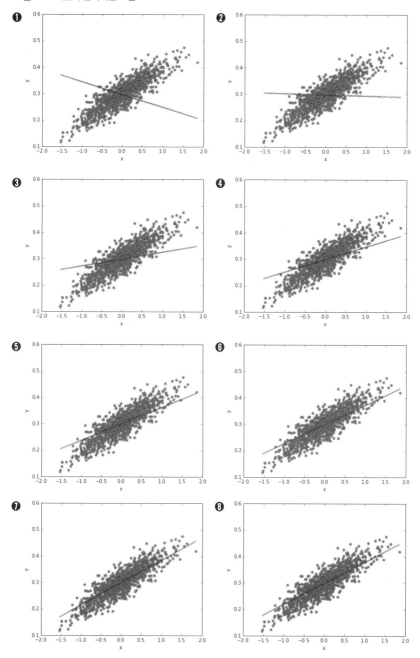

눈으로 확인할 수 있듯이 알고리즘은 반복하면서 점차 데이터에 더 적합한 직선을 만들어갑니다. 경사 하강법 알고리즘은 어떻게 이렇게 비용함수를 최소화하는 매개변수를 찾아가는 걸까요?

이 예제의 오차함수는 두 개의 매개변수(W와 b)로 구성되어 있으므로 우리는 이를 2차원 공간에 표현할 수 있습니다. 이 2차원 공간의 각 점은 하나의 직선을 나타냅니다.[3] 각 점에서 오차함수의 높이는 직선에 대한 오차입니다.[4] 어떤 직선들은 다른 직선보다 더 작은 오차를 가집니다. 텐서플로는 경사 하강법 알고리즘을 수행할 때 이 평면의 한 지점(예를 들어 앞의 예에서는 W = −0.04841119, b = 0.29720169)에서 시작하여 더 작은 오차를 갖는 직선을 찾아 이동해나갑니다.

경사 하강법 알고리즘을 수행하기 위해 텐서플로는 이 오차함수의 기울기를 계산합니다. 기울기는 나침반 같은 역할을 하게 되어 오차가 낮은 곳의 방향을 가리킵니다. 기울기를 계산하기 위해 텐서플로는 오차함수를 미분합니다. 이 예제에서는 반복이 일어날 때마다 움직일 방향을 알아내기 위해 W와 b에 대한 편미분방정식 계산이 필요합니다.

앞에서 잠깐 언급했던 **학습 속도**learning rate는 텐서플로가 각 반복 때마다 얼마나 크게 이동할 것인가를 제어합니다. 학습 속도를 너무 크게 하면 최솟값을 지나쳐 버릴 수 있습니다. 하지만 학습 속도를 너무 작게 하면 최솟값에 다다르는 데 많은 반복[5]이 필요하게 됩니다. 그러므로 적절한 학습 속도를 선택하는 것이 중요합니다. 적합한 학습 속도를 찾는 여러 기법이 있지만 입문서의 범위를 벗어나므로 설명하지는 않겠습니다. 경사 하강법 알고리즘이 제대로 작동하는지 확인하는 좋은 방법은 매 반복마다 오차가 줄어드는지를 확인해보는 것입니다.

---

3 W와 b를 x, y로 하는 2차원 좌표계를 생각하면 됩니다. 한 쌍의 W와 b는 한 직선을 나타냅니다.
4 W, b, 오차함수를 x, y, z로 하는 3차원 좌표계를 생각하면 됩니다.
5 즉 오랜 시간

이 장의 코드를 테스트하려면 이 책의 깃허브 저장소에서 **regression.py** 파일을 다운로드해서 실행해볼 수 있습니다.[6] 한눈에 보기 쉽게 지금까지 살펴본 코드를 아래에 합쳐놓았습니다.

```python
import numpy as np

num_points = 1000
vectors_set = []

for i in xrange(num_points):
    x1 = np.random.normal(0.0, 0.55)
    y1 = x1 * 0.1 + 0.3 + np.random.normal(0.0, 0.03)
    vectors_set.append([x1, y1])

x_data = [v[0] for v in vectors_set]
y_data = [v[1] for v in vectors_set]

import matplotlib.pyplot as plt

#그래픽 표시
plt.plot(x_data, y_data, 'ro')
plt.show()

import tensorflow as tf

W = tf.Variable(tf.random_uniform([1], -1.0, 1.0))
b = tf.Variable(tf.zeros([1]))
y = W * x_data + b

loss = tf.reduce_mean(tf.square(y - y_data))
optimizer = tf.train.GradientDescentOptimizer(0.5)
```

---

6 이후 원서의 모든 파일은 옮긴이의 깃허브 저장소(http://git.io/v64JG)에도 한글 설명과 함께 파이썬 3 노트북 형태로 올려놓았습니다.

```
train = optimizer.minimize(loss)

init = tf.global_variables_initializer()

sess = tf.Session()
sess.run(init)

for step in xrange(8):
    sess.run(train)
    print step, sess.run(W), sess.run(b)
    print step, sess.run(loss)

    #그래픽 표시
    plt.plot(x_data, y_data, 'ro')
    plt.plot(x_data, sess.run(W) * x_data + sess.run(b))
    plt.xlabel('x')
    plt.xlim(-2, 2)
    plt.ylim(0.1, 0.6)
    plt.ylabel('y')
    plt.show()
```

이 장에서 우리는 기본적인 선형회귀분석 알고리즘을 사용해서 두 필수적인 개념인 비용함수와 경사 하강법 알고리즘을 살펴봤습니다. 이를 직관적인 방법으로 설명함으로써 텐서플로 패키지 탐험을 시작했습니다. 다음 장에서는 텐서플로에서 사용하는 자료구조에 대해 자세히 다루겠습니다.

3장

군집화

앞에서 살펴본 선형회귀분석은 모델을 만들기 위해 입력 데이터와 출력 값(혹은 레이블label)을 함께 사용했다는 점에서 **지도 학습**supervised learning 알고리즘이라고 합니다. 하지만 모든 데이터에 레이블이 있는 것은 아니며, 이런 경우에도 어떻게든 분석을 해야 합니다. 이럴 때 **군집화**clustering라는 **자율 학습**unsupervised learning 알고리즘을 사용할 수 있습니다. 군집화는 데이터 분석의 사전 작업으로 사용되기 좋아 널리 이용되는 방법입니다.

이 장에서는 K-평균이라는 군집화 알고리즘을 소개합니다. K-평균 알고리즘은 데이터를 다른 묶음과 구분되도록 유사한 것끼리 자동으로 그룹화할 때 가장 많이 사용되는 유명한 알고리즘입니다. 이 알고리즘에서는 추정할 목표 변수나 결과 변수가 없습니다.

또 텐서플로에 대해 더 알기 위해 텐서(Tensor)라는 기본 자료구조에 대해서도 자세히 살펴보겠습니다. 텐서 데이터가 어떤 것인지 먼저 설명한 다음 제공되는 기능에 대해 소개하겠습니다. 그다음 텐서를 이용하여 K-평균 알고리즘을 예제로 풀어볼 것입니다.

3.1 기본 자료구조: 텐서

텐서플로는 텐서라는 기본 자료구조로 모든 데이터를 표현합니다. 텐서는 동적 크기를 갖는 다차원 데이터 배열로 볼 수 있으며 불리언이나 문자열, 여러 종류의 숫자 같은 정적 자료형을 가집니다. 아래는 주요 자료형과 이에 대응하는 파이썬의 자료형을 나타낸 표입니다.

표 3-1 텐서플로와 파이썬의 자료형

텐서플로 자료형	파이썬 자료형	설명
DT_FLOAT	tf.float32	32비트 실수
DT_INT16	tf.int16	16비트 정수
DT_INT32	tf.int32	32비트 정수
DT_INT64	tf.int64	64비트 정수
DT_STRING	tf.string	문자열
DT_BOOL	tf.bool	불리언

그리고 각 텐서는 배열의 차원을 나타내는 랭크rank를 가집니다. 예를 들면 다음의 텐서는 랭크가 2입니다(파이썬에서는 list로 표현됩니다).

```
t = [[1, 2, 3], [4, 5, 6], [7, 8, 9]]
```

텐서의 랭크에는 제한이 없습니다. 랭크 2인 텐서는 행렬을 나타낸다고 볼 수 있으며 랭크 1인 텐서는 벡터로 볼 수 있습니다. 물론 랭크 0 텐서는 스칼라scalar 값이 됩니다.

텐서플로의 공식 문서에서는 텐서의 차원을 표현하기 위해 **구조**shape, **랭크**rank, **차원번호**dimension number라는 세 가지 종류의 명칭을 사용합니다. 텐서플로 문서를 볼 때 혼동하지 않도록 각 명칭 사이의 관계를 다음 표에 나타냈습니다. 이 책에서도 이들 용어를 따르겠습니다.

표 3-2 구조, 랭크, 차원번호 사이의 관계

구조	랭크	차원번호
[]	0	0-D
$[D_0]$	1	1-D
$[D_0, D_1]$	2	2-D
$[D_0, D_1, D_2]$	3	3-D
...	...	...
$[D_0, D_1, \cdots, D_{n-1}]$	n	n-D

텐서들을 다루려면 텐서플로에서 제공하는 일련의 변환 함수를 사용해야 합니다. 그중 일부를 아래 표에 나열했습니다.

표 3-3 주요 변환 함수

함수	설명
tf.shape	텐서의 구조를 알아냅니다.
tf.size	텐서의 크기를 알아냅니다.
tf.rank	텐서의 랭크를 알아냅니다.
tf.reshape	텐서의 원소element는 그대로 유지하면서 텐서의 구조를 바꿉니다.
tf.squeeze	텐서에서 크기가 1인 차원을 삭제합니다.
tf.expand_dims	텐서에 차원을 추가합니다.
tf.slice	텐서의 일부분을 삭제합니다.
tf.split	텐서를 한 차원을 기준으로 여러 개의 텐서로 나눕니다.
tf.tile	한 텐서를 여러 번 중복해서 늘려 새 텐서를 만듭니다.
tf.concat	한 차원을 기준으로 텐서를 이어 붙입니다.
tf.reverse	텐서의 지정된 차원을 역전시킵니다.
tf.transpose	텐서를 전치합니다.
tf.gather	주어진 인덱스에 따라 텐서의 원소를 모읍니다.

이 장을 진행하면서 이 표에 있는 함수 일부에 대해 자세히 설명하겠습니다. 변환 함수의 전체 목록과 설명은 '배열 연산' API 문서(https://goo.gl/tQxTV0)에서 찾을 수 있습니다.

예를 들어 2000 * 2 배열(2D 텐서)을 3차원 배열(3D 텐서)로 확장하고 싶다면 tf.expand_dims 함수를 사용하여 텐서의 원하는 위치에 차원을 추가할 수 있습니다.

```
#points는 2000 * 2 배열입니다.
vectors = tf.constant(points)
expanded_vectors = tf.expand_dims(vectors, 0)
```

여기서 tf.expand_dims는 매개변수로 지정된 텐서에 하나의 차원을 추가하였습니다. 추가할 위치는 인수로 0으로 지정했습니다.[1]

이러한 변환 과정을 그림으로 나타내면 다음과 같습니다.[2]

그림 3-1 2차원 텐서를 3차원 텐서로 확장

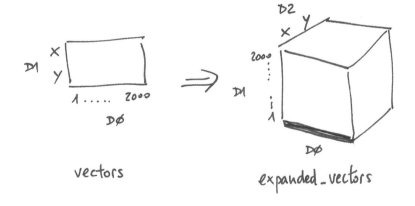

---

1 예를 들어 2차원 텐서의 경우에는 지정할 수 있는 위치는 0에서 2까지입니다.
2 원래 차원 D0, D1가 확장 후에는 D1, D2가 되었고, 새로운 D0가 추가되었습니다.

그림에서 볼 수 있듯이 우리는 이제 3D 텐서를 얻었습니다. 하지만 함수의 인수로 전달한 새로운 차원 D0에 크기^{size}를 지정할 수는 없습니다.

get_shape ( ) 함수로 이 텐서의 크기를 확인하면 D0에는 크기가 없다는 걸 알수 있습니다. IPython이나 주피터 노트북에서는 다음과 같이 셀에 변수만 입력하면 자료형과 값이 출력됩니다.[3]

```
expanded_vectors.get_shape()
```

결과는 다음과 같습니다.

```
TensorShape([Dimension(1), Dimension(2000), Dimension(2)])
```

이 장의 후반부에서 또 보게 되겠지만 텐서플로는 텐서 **구조 브로드캐스팅**^{shape} ^{broadcasting}을 지원합니다. 이 기능 덕분에 텐서를 다루는 많은 수학 함수들(1장에서 소개했습니다)은 특정 조건을 충족할 때 구조가 다른 텐서 간 연산을 지원합니다.

3.2 텐서플로의 데이터 저장소

텐서플로 패키지의 소개에 따르면 대체로 텐서플로 프로그램에서 데이터를 얻는 방법은 세 가지가 있습니다.

---

3 일반 파이썬 스크립트에서는 print 문이 없으면 아무것도 화면에 출력되지 않으므로 앞에 print 문을 추가해야 합니다. 이후에도 결과 값을 확인하는 예제 코드들이 나올 텐데 대부분 print를 생략했습니다.

1 데이터 파일로부터 얻기

2 상수나 변수로 미리 로드하기

3 파이썬 코드로 작성해 제공하기

이들 각각에 대해 간단하게 설명하겠습니다.

3.2.1 데이터 파일

보통 초기 데이터는 데이터 파일에서 얻습니다. 이 작업은 그리 복잡하진 않습니다. 여러 종류의 파일에서 데이터를 어떻게 추출하는지는 텐서플로 사이트의 활용 문서(https://goo.gl/6fXe5T)를 참고해주세요. 혹은 이 책의 깃허브 저장소에 있는 input_data.py 파일을 참고해도 됩니다. 이 파일은 4장에서 사용하며, MNIST 데이터를 파일에서 로드하는 역할을 합니다.

3.2.2 변수와 상수

크기가 크지 않은 경우 메모리에 데이터를 미리 로드할 수도 있습니다. 이전 예제에서 보았듯이 두 가지 기본적인 방법이 있습니다.

- tf.constant()를 사용한 상수 생성
- tf.variable()을 사용한 변수 생성

텐서플로 패키지는 상수를 생성할 수 있는 여러 가지 도구를 제공합니다. 아래 표에 제일 중요한 것들을 요약하였습니다.

표 3-4 상수를 생성하는 다양한 방법

함수	설명
tf.zeros_like	모든 원소를 0으로 초기화한 텐서를 생성합니다.
tf.ones_like	모든 원소를 1로 초기화한 텐서를 생성합니다.
tf.fill	주어진 스칼라 값으로 원소를 초기화한 텐서를 생성합니다.
tf.constant	함수 인수로 지정된 값을 이용하여 상수 텐서를 생성합니다.

텐서플로에서 모델을 학습하는 동안 모델 매개변수들은 메모리에 변수로 관리됩니다. 변수를 생성할 때 함수 매개변수로 상수나 난수로 초기 값을 지정할 수 있습니다. 텐서플로는 여러 가지 분포별로 임의의 텐서를 생성하는 함수를 제공합니다.

표 3-5 텐서 생성 관련 함수

함수	설명
tf.random_normal	정규분포를 따르는 난수로 텐서를 생성합니다.
tf.truncated_normal	정규분포를 따르는 난수로 텐서를 생성하되, 크기가 표준편차의 2배 수보다 큰 값은 제거합니다.
tf.random_uniform	균등분포를 따르는 난수로 텐서를 생성합니다.
tf.random_shuffle	첫 번째 차원을 기준으로 텐서의 원소를 섞습니다.
tf.set_random_seed	난수 시드seed를 설정합니다.

이 함수들은 생성할 텐서의 차원의 구조를 매개변수로 입력받아야 합니다. 리턴되는 텐서 변수는 입력된 매개변수와 동일한 구조입니다. 일반적으로 변수는 고정된 구조를 가지지만 텐서플로는 필요에 따라 텐서의 구조를 바꾸는reshape 기능도 제공합니다.

변수를 사용하려면 데이터 그래프를 구성한 후 run() 함수를 실행하기 전에 반드시 초기화해야 합니다. 앞에서 보았던 tf.global_variables_ initializer()가 이 역할을 담당합니다. 변수는 모델을 훈련시키는 도중 또는 훈련 후에 tf.train.Saver 클래스를 이용하여 디스크에 저장할 수 있습니다. 이 클래스에 대한 설명은 이 책의 범위를 벗어나므로 생략합니다.

3.2.3 파이썬 코드로 제공

마지막으로 프로그램 실행 중에 데이터를 변경하기 위해서 '심벌릭' 변수, 즉 **플레이스홀더**placeholder라는 것을 사용할 수 있습니다. placeholder() 함수로 호출하며, 원소의 자료형, 텐서의 구조를 매개변수로 줄 수 있습니다. 끝으로, 대부분의 텐서플로 함수와 마찬가지로 선택적으로 이름을 매개변수로 줄 수도 있습니다.

파이썬 코드에서 Session.run() 또는 Tensor.eval() 메서드를 호출할 때 feed_dict 매개변수로 플레이스홀더를 지정하여 전달할 수 있습니다. 1장에서 살펴본 첫 예제를 떠올려봅시다.

```python
import tensorflow as tf

a = tf.placeholder("float")
b = tf.placeholder("float")

y = tf.multiply(a, b)

sess = tf.Session()

print sess.run(y, feed_dict={a: 3, b: 3})
```

마지막 라인에서 sess.run()을 호출할 때 텐서 a, b 두 개를 feed_dict 매개변수를 통해 전달한 것입니다.

이상 텐서에 관해 간단히 살펴봤습니다. 앞으로 예제 코드를 어려움 없이 따라 갈 수 있길 바랍니다.

3.3 K-평균 알고리즘

K-평균 알고리즘K-means algorithm은 군집화 문제를 풀기 위한 자율 학습 알고리즘의 일종입니다. 이 알고리즘은 간단한 방법으로 주어진 데이터를 지정된 **군집**cluster 개수(K)로 그룹화합니다. 한 군집 내의 데이터들은 동일한 성질을 가지며 다른 그룹과는 구별됩니다. 즉 한 군집 내의 모든 원소들은 군집 밖의 데이터보다 서로 더 닮아 있습니다.

알고리즘의 결과는 **중심**centroid이라고 부르는 K개의 점dot으로서, 이들은 각기 다른 그룹의 중심점을 나타내며 데이터들은 K개의 군집 중 하나에만 속할 수 있습니다. 한 군집 내의 모든 데이터들은 다른 어떤 중심들보다 자기 군집 중심과의 거리가 더 가깝습니다.

군집을 구성할 때 직접 오차함수를 최소화하려면 계산 비용이 매우 많이 듭니다 (NP-난해NP-hardness 문제[4]로 알려져 있습니다). 따라서 휴리스틱한 방법heuristics 으로 로컬 최솟값에 빠르게 수렴하게 하는 기법들이 개발되어왔습니다. 가장 널리 사용되는 방법은 몇 번의 반복만으로 수렴이 되는 반복 개선iterative refinement 기법입니다.

---

4 보통 입력 값이 많아질수록 알고리즘을 수행하는 데 걸리는 시간이 늘어나게 됩니다. 입력(n)이 늘어남에 따라 어떤 다항식(예를 들면 n^k, k는 상수)만큼의 시간 안에 풀 수 있는 문제는 P, 풀 수 있을지 모르는 문제를 NP 문제라고 합니다. NP 난해 문제는 가장 어려운 NP 문제만큼 어려운 문제이며 하나의 NP 난해 문제라도 다항식 시간 안에 풀 수 있다면 모든 NP 문제도 다항식 시간 안에 풀 수 있다고 합니다. 오차함수를 최소화하려고 일일이 모든 경우의 수를 다 확인해보는 것은 NP 난해 문제로 알려져 있습니다.

이 기법은 대체로 세 개의 단계로 나뉩니다.

- **초기 단계**(0단계): K개 중심의 초기 집합을 결정
- **할당 단계**(1단계): 각 데이터를 가장 가까운 군집에 할당
- **업데이트 단계**(2단계): 각 그룹에 대해 새로운 중심을 계산

K개 중심의 초기 값을 정하는 방법에는 몇 가지가 있습니다. 그중 하나는 데이터 중 K개를 임의로 선택하여 중심으로 삼는 것입니다. 우리 예제에서는 이 방법을 사용하겠습니다.

할당 단계와 수정 단계는 알고리즘이 수렴되었다고 간주될 때까지 루프를 통해 반복됩니다. 예를 들어 군집 내 데이터의 변화가 없을 때 알고리즘이 수렴되었다고 간주합니다.

이 알고리즘은 휴리스틱한 방법이므로 진짜 최적값으로 수렴한다는 보장은 없으며, 결과는 초기 중심을 어떻게 정했는지에 영향을 받습니다. 일반적으로 이 알고리즘의 속도는 매우 빠르므로 초기 중심을 바꿔가면서 여러 번 알고리즘을 수행하여 결과들을 비교해보고 최종 결과를 결정합니다.

텐서플로에서 K-평균 예제를 실습하기 위해 먼저 샘플 데이터를 생성하겠습니다. 결과를 더 이해하기 쉽게 하기 위해 두 개의 정규분포를 이용하여 2D 좌표계에 2000개의 점을 랜덤하게 생성하겠습니다. 예를 들어 다음 코드와 같은 식으로 작성할 수 있습니다.[5]

```
import numpy as np

num_points = 2000
vectors_set = []
```

---

5   대략 절반은 x가 평균 0, 표준편차 0.9인 정규분포를 따르고 y는 평균 0, 표준편차 0.9인 정규분포를 따르고, 나머지 절반은 x가 평균 3, 표준편차 0.5인 정규분포, y는 평균 1, 표준편차 0.5인 정규분포를 따릅니다.

```
for i in xrange(num_points):
  if np.random.random() > 0.5:
    vectors_set.append([np.random.normal(0.0, 0.9),
                        np.random.normal(0.0, 0.9)])
  else:
    vectors_set.append([np.random.normal(3.0, 0.5),
                        np.random.normal(1.0, 0.5)])
```

2장에서는 파이썬의 그래픽 라이브러리를 사용하여 그림을 그렸습니다. 그때는 matplotlib를 사용했지만, 여기서는 matplotlib을 기반으로 하는 seaborn 시각화 패키지를 이용하겠습니다. 또한 좀 더 복잡한 형태의 데이터를 다루기 위해 데이터 조작 패키지 pandas를 사용하겠습니다.

만약 이 패키지들이 설치되어 있지 않다면 아래 코드를 따라 하기 전에 pip 명령으로 설치해야 합니다.[6]

발생된 난수 데이터를 그림으로 나타내려면 아래 코드를 참고하세요.

```
import matplotlib.pyplot as plt
import pandas as pd
import seaborn as sns

df = pd.DataFrame({"x": [v[0] for v in vectors_set],
                   "y": [v[1] for v in vectors_set]})
sns.lmplot("x", "y", data=df, fit_reg=False, size=6)
plt.show()
```

---

6 Anaconda를 사용할 경우 matplotlib, pandas는 이미 설치되어 있습니다. seaborn은 conda install seaborn 명령으로 설치합니다.

이 코드는 아래 그림과 같이 2차원 좌표계에 데이터를 점으로 표시합니다.

그림 3-2 랜덤하게 생성한 2000개의 점

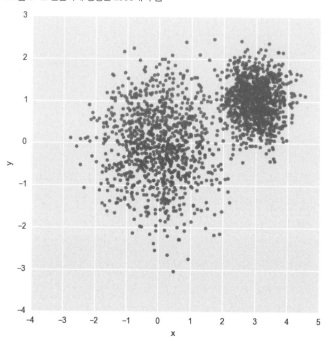

텐서플로에서 이러한 데이터를 4개의 군집으로 그룹화하는 K-평균 알고리즘 구현 코드는 다음과 같습니다(숀 시미스터[Shawn Simister]가 제안한 모델 (https://git.io/vKUFC)을 참고했습니다).

```
import tensorflow as tf

vectors = tf.constant(vectors_set)
k = 4
centroids = tf.Variable(tf.slice(tf.random_shuffle(vectors),[0,0],[k,-1]))

expanded_vectors = tf.expand_dims(vectors, 0)
expanded_centroids = tf.expand_dims(centroids, 1)
```

```
assignments = tf.argmin(tf.reduce_sum(tf.square(tf.subtract(
    expanded_vectors, expanded_centroids)), 2), 0)

means = tf.concat([tf.reduce_mean(tf.gather(vectors,
    tf.reshape(tf.where(tf.equal(assignments, c)), [1,-1])),
    reduction_indices=[1]) for c in xrange(k)], 0)

update_centroids = tf.assign(centroids, means)

init_op = tf.global_variables_initializer()

sess = tf.Session()
sess.run(init_op)

for step in xrange(100):
  _, centroid_values, assignment_values = sess.run([update_centroids,
    centroids, assignments])
```

assignment_values 텐서의 결과를 확인해보기 위해 아래 코드처럼 그림을 그
려보겠습니다.

```
data = {"x": [], "y": [], "cluster": []}

for i in xrange(len(assignment_values)):
  data["x"].append(vectors_set[i][0])
  data["y"].append(vectors_set[i][1])
  data["cluster"].append(assignment_values[i])

df = pd.DataFrame(data)
sns.lmplot("x", "y", data=df, fit_reg=False, size=6, hue="cluster",
        legend=False)
plt.show()
```

결과 그림은 다음과 같습니다.[7]

그림 3-3 assignment_values 텐서를 그림으로 그린 결과

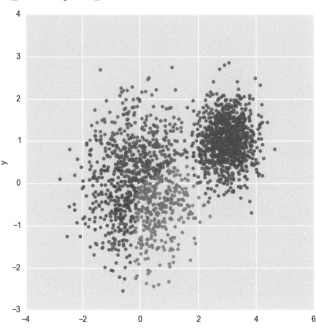

3.4 새로운 그룹

앞에서 다룬 K-평균 알고리즘 코드가 조금 어렵게 느껴질 수도 있을 것입니다. 여기서 자세히 단계별로 살펴보겠습니다. 특히 텐서들이 프로그램 실행 중에 어떻게 변형되는지 주의를 기울여 살펴보겠습니다.

---

7 지면으로는 4개 군집 색깔이 구분이 어려울 수 있습니다. 원서 그림은 왼쪽 상단부터 시계 방향으로 보라색, 붉은색, 초록색, 파란색으로 4개 군집으로 그룹화된 모습이며, 웹에서 확인할 수 있습니다(http://bit.ly/2a4LPZv). 직접 예제를 실행해서 결과를 확인해보는 것을 추천합니다.

첫 번째 할 일은 모든 데이터를 텐서로 옮기는 것입니다. 무작위로 생성한 데이터를 가지고 상수 텐서를 만듭니다.

```
vectors = tf.constant(vectors_set)
```

앞 절에서 언급했던 것처럼 이 알고리즘은 처음 시작할 때 초기 중심을 지정해야 합니다. 이것은 초기 단계(0단계)에 해당합니다. 앞에서 말했듯이 입력 데이터에서 무작위로 K개의 데이터를 선택하는 방법을 사용할 것입니다. 다음 코드를 통해 텐서플로가 입력 데이터를 무작위로 섞어서 K개의 중심을 선택하게 했습니다.

```
k = 4
centroids = tf.Variable(tf.slice(tf.random_shuffle(vectors),[0,0],[k,-1]))
```

K개의 데이터 포인트는 2D 텐서로 저장됩니다. `tf.Tensor.get_shape()` 함수를 이용하면 텐서의 구조를 알 수 있습니다. 예를 들어 위 코드 바로 아래에 다음 코드를 넣어서 확인해볼 수 있습니다.

```
vectors.get_shape()
```

결과는 다음과 같이 나올 것입니다.

```
TensorShape([Dimension(2000), Dimension(2)])
```

즉 vectors는 D0 차원은 크기가 2000개이고 D1 차원은 크기가 2(각 점의 x, y 좌표)임을 알 수 있습니다. 앞에 나왔던 [그림 3-1]의 첫 번째 그림을 떠올리면 됩니다. centroids는 어떨까요?

```
centroids.get_shape()
```

결과는 다음과 같습니다.

```
TensorShape([Dimension(4), Dimension(2)])
```

즉 centroids는 D0 차원의 크기가 4, D1 차원은 vectors와 동일하게 크기가 2인 행렬입니다.

다음으로 알고리즘은 루프 반복에 들어갑니다. 먼저 각 점에 대해 **유클리드 제곱 거리**^{squared Euclidean distance}(http://bit.ly/29ZqIqG)를 구해 가장 가까운 중심을 계산합니다. 유클리드 제곱거리는 그 자체로 거리를 나타내는 값은 아니고 여러 거리 사이의 대소를 비교할 때에만 사용됩니다.

$$d^2(vector, centroid) = (vector_x - centroid_x)^2 + (vector_y - centroid_y)^2$$

이 값을 계산하는 코드가 tf.subtract(vectors, centroids)입니다. 이때 주목할 점은 뺄셈을 하려고 하는 두 텐서가 모두 2차원이긴 하지만 1차원의 크기가 다르다는 것입니다. 전자는 D0 차원이 2000이고 후자는 4입니다.

이 문제를 해결하기 위해 앞에서 언급했던 tf.expand_dims 함수를 사용하여 두 텐서에 차원을 추가합니다. 이렇게 하는 이유는 두 텐서를 2차원에서 3차원으로 만들어 뺄셈을 할 수 있도록 크기를 맞추려는 것입니다.

```
expanded_vectors = tf.expand_dims(vectors, 0)
expanded_centroids = tf.expand_dims(centroids, 1)
```

tf.expand_dims은 두 텐서에 각각 하나의 차원을 추가합니다. vectors 텐서에는 첫 번째 차원(D0)를 추가하고 centroids 텐서에는 두 번째 차원(D1)을 추가합니다. 그림으로 보면 확장된 텐서에서 각 차원(육면체의 세 변)은 동일한 의미를 유지합니다.

그림 3-4 차원을 확장한 두 텐서

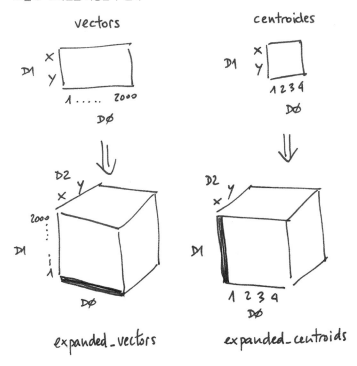

이러면 해결된 듯하지만 사실 자세히 보면(그림에 굵게 표시한 부분) 차원의 크기를 결정할 수 없는 차원이 있습니다. 차원을 확장한 다음에 get_shape 함수를 사용해서 크기를 확인해보면 출력은 다음과 같습니다.

```
TensorShape([Dimension(1), Dimension(2000), Dimension(2)])
TensorShape([Dimension(4), Dimension(1), Dimension(2)])
```

크기가 1인 두 차원이 방금 확장된 차원입니다.

앞에서 언급했듯 텐서플로의 브로드캐스팅 기능 덕분에 `tf.subtract` 함수는 두 텐서의 각 원소를 어떻게 빼야 할지 스스로 알아낼 수 있습니다. 간단하게 말하면 크기가 1인 차원은 텐서 연산 시 다른 텐서의 해당 차원 크기에 맞게 계산을 반복하므로 마치 차원이 늘어난 것 같은 효과를 가집니다.[8]

그림을 다시 보면 두 텐서는 구조가 일치하며 특정 차원은 크기가 같습니다. 바로 D2입니다. 따라서 차원 D2에서 뺄셈이 이루어집니다.

한편 차원 D0는 `expanded_centroids`는 크기가 4이고 `expanded_vectors` 텐서는 1입니다. 이러한 경우 텐서플로는 `expanded_vectors`의 D0 차원의 크기를 4로 늘려서 연산합니다. 따라서 D0의 각 원소별로 뺄셈이 이루어지게 됩니다.

D1 차원에서도 `expanded_vectors` 텐서의 크기가 2000이고 `expanded_centroids` 텐서는 1이므로 같은 일이 벌어집니다. 즉 `expanded_centroids` 텐서의 D1 차원의 크기를 늘려 연산합니다.

유클리드 제곱거리를 사용하는 할당 단계(1단계)의 알고리즘은 다음과 같았습니다.

```
assignments = tf.argmin(tf.reduce_sum(tf.square(tf.subtract(
    expanded_vectors, expanded_centroids)), 2), 0)
```

이를 풀어서 쓰면 다음과 같이 4줄의 코드로 나타낼 수 있습니다.

```
diff = tf.subtract(expanded_vectors, expanded_centroids)
sqr = tf.square(diff)
```

---

8 더 정확하고 상세한 설명은 numpy 브로드캐스팅 문서(http://bit.ly/2aMAehC)를 참고해주세요.

```
distances = tf.reduce_sum(sqr, 2)
assignments = tf.argmin(distances, 0)
```

여기서 diff, sqr, distances, assignments 텐서의 구조를 확인해보면 다음과 같이 나올 것입니다.

```
TensorShape([Dimension(4), Dimension(2000), Dimension(2)])
TensorShape([Dimension(4), Dimension(2000), Dimension(2)])
TensorShape([Dimension(4), Dimension(2000)])
TensorShape([Dimension(2000)])
```

하나씩 살펴보면, 먼저 diff 텐서는 tf.subtract 함수를 거쳐 expaned_vectors와 expanded_centroids에 대해 뺄셈을 한 결과를 가지게 됩니다. 이 텐서의 D0 차원에는 중심(4개), D1 차원에는 데이터의 인덱스(2000개), D2 차원에는 x, y 값이 담겨 있습니다.

sqr 텐서는 diff 텐서의 제곱 값입니다. distances 텐서를 보면 tf.reduce_sum 함수에 매개변수로 지정한 차원(D2)이 줄어든 것을 알 수 있습니다.

텐서플로는 tf.reduce_sum처럼 텐서의 차원을 감소시키는 수학 연산을 여럿 제공하고 있습니다. 아래 표에 중요한 몇 개를 요약했습니다.

표 3-6 차원을 감소시키는 수학 연산

함수	설명
tf.reduce_sum	지정한 차원을 따라 원소들을 더합니다.
tf.reduce_prod	지정한 차원을 따라 원소들을 곱합니다.
tf.reduce_min	지정한 차원을 따라 최솟값을 계산합니다.
tf.reduce_max	지정한 차원을 따라 최댓값을 계산합니다.
tf.reduce_mean	지정한 차원을 따라 평균을 계산합니다.

마지막으로 지정한 차원(여기서는 중심 값들이 들어 있는 D0 차원)에서 가장 작은 값의 인덱스를 리턴하는 tf.argmin을 통해 각 데이터의 중심이 assignments에 할당됩니다. tf.argmin과 반대 역할을 하는 tf.argmax 함수도 있습니다.

표 3-7 argmin과 argmax

함수	설명
tf.argmin	지정한 차원을 따라 가장 작은 값의 원소가 있는 인덱스를 리턴합니다.
tf.argmax	지정한 차원을 따라 가장 큰 값의 원소가 있는 인덱스를 리턴합니다.

이상 4줄은 처음 봤던 것처럼 한 줄로 줄여서 쓸 수 있습니다. 가독성을 고려한다면 2줄 정도로 쓰는 것도 좋을 것입니다.

```
distances = tf.reduce_sum(tf.square(tf.subtract(expanded_vectors,
                                    expanded_centroids)), 2)
assignments = tf.argmin(distances, 0)
```

어떤 식으로 쓰든 내부의 텐서 자료구조들과 연산 함수들이 노드를 구성하고 내부 그래프를 실행하는 방식은 동일합니다.

3.5 새로운 중심 계산하기

마지막 수정 단계(2단계)입니다. 이 알고리즘에서는 매 반복마다 새롭게 그룹화를 하면서 각 그룹에 해당하는 새로운 중심을 다시 계산합니다. 앞에서 본 전체 코드에서 다음 부분입니다.

```
means = tf.concat([tf.reduce_mean(tf.gather(vectors,
    tf.reshape(tf.where(tf.equal(assignments, c)), [1,-1])),
    reduction_indices=[1]) for c in xrange(k)], 0)
```

이 코드는 K개 군집에 속하는 점들의 평균을 가진 K개의 텐서를 합쳐서[concatenate] means 텐서를 만듭니다.

괄호의 안쪽부터 각 군집에 속한 점들의 평균을 계산하는 텐서플로의 연산을 하나씩 살펴보겠습니다.

- 먼저 equal 함수를 사용하여 한 군집과 매칭되는[9] assignments 텐서의 각 원소 위치를 True로 표시하는 불리언 텐서(Dimension(2000))를 만듭니다.
- where 함수를 사용하여 매개변수로 받은 불리언 텐서에서 True로 표시된 위치를 값으로 가지는 텐서(Dimension(2000) * Dimension(1))를 만듭니다.[10]
- reshape 함수를 사용하여 c 군집에 속한 vectors 텐서의 포인트들의 인덱스로 구성된 텐서(Dimension(1) * Dimension(2000))를 만듭니다.[11]
- gather 함수를 사용하여 c 군집을 이루는 점들의 좌표를 모은 텐서(Dimension(1) * Dimension(2000) * Dimension(2))를 만듭니다.
- reduce_mean 함수를 사용하여 c 군집에 속한 모든 점의 평균 값을 가진 텐서((Dimension(1) * Dimension(2))를 만듭니다.

이 코드에 대해 좀 더 자세히 알고 싶다면 텐서플로 파이썬 API 문서(https://goo.gl/WbmTJs)에서 각 함수에 대한 자세한 정보를 얻을 수 있습니다.

---

9 군집의 번호는 변수 c에 매핑했습니다.

10 단, 중간에 코드로 구조를 확인해보면 세션 실행 전이므로 차원의 크기가 결정되지 않아 Dimension(2000) 대신 Dimension(None)으로 나옵니다.

11 reshape에서 텐서의 크기를 지정하는 매개변수의 두 번째 배열 원소가 −1이라 바로 앞 단계에서 만든 텐서의 차원을 뒤집는 효과를 가져옵니다.

3.6 그래프 실행

끝으로 루프를 구성하는 코드, 그리고 중심을 means 텐서의 새 값으로 업데이트 하는 코드를 살펴보겠습니다.

이를 위해서는 means 텐서의 값을 centroids에 할당하는 연산을 작성해야 합니다. 그래야 run() 메서드가 실행될 때 업데이트된 중심 값이 다음번 루프에서 사용될 수 있기 때문입니다.

```
update_centroids = tf.assign(centroids, means)
```

또한 데이터 그래프를 실행하기 전에 모든 변수를 초기화하는 연산도 작성해야 합니다.

```
init_op = tf.global_variables_initializer()
```

이제 모든 것이 준비되었습니다. 데이터 그래프를 실행할 때입니다.

```
sess = tf.Session()
sess.run(init_op)

for step in xrange(100):
  _, centroid_values, assignment_values = sess.run([update_centroids,
    centroids, assignments])
```

이 코드를 통해 매 반복마다 중심은 업데이트되고 각 점은 새롭게 군집에 할당 됩니다.

이 코드에서 매개변수로 지정한 세 개의 연산은 run() 함수를 호출하는 순간 지정한 순서대로 실행됩니다. 그리고 찾아야 할 값이 세 개이므로 sess.run()은 훈련 과정 동안 세 개의 연산에 상응하는 텐서 세 개를 numpy 배열로 만들어 리턴합니다.

update_centroids 연산은 리턴 값이 없으므로 _(밑줄)을 사용해 결과를 버리게 했습니다(사실 _도 다른 변수와 똑같이 변수이지만, 파이썬 사용자들은 결과를 버릴 때 _을 사용하는 것이 관습입니다).

다른 두 개의 값, 즉 중심 값과 각 군집에 할당된 점들은 전체 100번의 반복이 끝나면 화면에 표시되게 하면 좋을 것입니다. 예를 들어 간단히 print로 중심 값을 확인해볼 수 있습니다.

```
print centroid_values
```

결과는 다음과 같습니다.

```
[[ 2.99835277e+00  9.89548564e-01]
 [-8.30736756e-01  4.07433510e-01]
 [ 7.49640584e-01  4.99431938e-01]
 [ 1.83571398e-03 -9.78474259e-01]]
```

독자 역시 이와 유사한 값이 나올 겁니다. 이러한 결과는 이 장의 코드가 성공적으로 완료되었다는 것을 의미합니다.

다음 장으로 진행하기 전에 코드에서 여러 가지 값을 바꿔가며 실험해보길 권합니다. 예를 들어 num_points나 특히 군집의 개수인 k를 바꾸면 앞의 코드에서 assignment_values 텐서의 결과가 어떻게 바뀌는지 확인해보십시오.

깃허브 저장소에서 소스 코드를 다운로드해서 이 장의 코드를 쉽게 실행해볼 수 있다는 걸 기억하세요. 이번 장의 예제 코드가 들어 있는 파일 이름은 kmeans.py

입니다.

이상 K-평균 군집화 알고리즘을 구현한 예제를 통해, 텐서플로와 텐서플로의 기본 자료구조인 텐서에 대해 자세히 알아보았습니다.

이를 바탕으로 다음 장에서는 텐서플로를 이용해 단일 계층 신경망을 단계별로 만들어보겠습니다.

단일 계층 신경망

이 책의 맨 앞에서 딥 러닝의 대표적인 예는 패턴 인식이라고 했었습니다. 프로그래밍을 처음 배울 때 'Hello World'를 프린트하는 것으로 시작하듯이 딥 러닝에서는 손글씨 숫자 이미지를 인식하는 문제를 가지고 시작하는 것이 일반적입니다.

이번 장에서는 텐서플로에서 어떻게 단일 계층 신경망을 만들고 손글씨 숫자를 인식하는지 살펴보려고 합니다. 이 책은 입문서 용도로 쓰였으므로 예제를 진행하는 과정에서 일부 개념과 이론을 단순화하여 설명하는 방식을 선택했습니다.

독자가 이 장을 읽은 후 이 예제의 배경이 되는 이론에 대해 더 알고 싶다면, 이 예제의 이론적 개념을 깊이 있게 다루는 온라인 도서인 『신경망과 딥 러닝』(http://neuralnetworksanddeeplearning.com)을 읽어보는 것을 추천합니다.

이 장의 내용은 텐서플로의 공식 튜토리얼(https://goo.gl/3NT20D)을 기반으로 합니다.[1]

4.1 MNIST 데이터셋

우리는 손글씨 데이터로 MNIST 데이터셋에 들어 있는 이미지를 사용할 것입니다. MNIST 데이터셋은 훈련용 55000개 및 테스트용 1만 개로 이루어진 손글씨 숫자의 흑백 이미지 데이터입니다. 이 MNIST 데이터셋은 MNIST 데이터베이스(http://yann.lecun.com/exdb/mnist)에서 받을 수 있습니다.

이미지를 다루는 경우에 데이터 전처리나 포매팅이 중요하지만, 이는 시간이 많이 걸리는 부분입니다. 그런 면에서 시간을 절약하면서 실제 예제로 패턴 인식

---

1 실제로 이 두 글을 비교해서 읽으면 더 좋습니다.

을 시작하려는 대부분의 사람들에게 이 데이터셋은 안성맞춤입니다.

이 흑백 이미지는 가로세로 비율은 그대로 유지하고 20×20 픽셀로 정규화 normalization되어 있습니다. 정규화 알고리즘(가장 낮은 것에 맞춰 전체 이미지 해상도를 감소)에는 앤티에일리어싱anti-aliasing 처리가 되어, 이들 이미지에는 회색 픽셀이 들어 있음을 볼 수 있습니다. 그다음 이미지의 중심을 계산하여 28×28 픽셀 크기의 프레임 중앙에 위치시켰습니다. 아래는 몇 가지 숫자 이미지의 예시입니다.

그림 4-1 MNIST 데이터셋 일부

이 예제에서 사용할 머신 러닝 방법은 지도 학습입니다. 즉 이미지 데이터에는 그 이미지가 어떤 숫자인지를 나타내는 레이블label 정보가 함께 들어 있습니다. 이런 형태가 일반적으로 자주 접하게 되는 머신 러닝 문제입니다.

이런 경우 먼저 레이블 데이터와 함께 전체 숫자 이미지를 로드합니다. 그리고 훈련 과정 동안 학습 모델은 이미지를 입력받아 각 카테고리[2]에 대한 점수를 원소로 갖는 벡터 형태로 결과를 출력합니다. 물론 우리는 레이블과 일치하는 카테고리가 가장 높은 점수를 가지길 기대하지만, 훈련 과정을 거치기 전에는 그런 일이 일어날 리는 거의 없습니다.

따라서 우리는 출력 점수와 기대 점수의 차이를 측정하는 오차함수를 계산할 것입니다(앞에서 오차함수를 사용했듯이). 학습 모델은 오차를 줄이기 위해 가중

---

2 0~9까지

치^{weight} 매개변수를 조정하게 됩니다. 전형적인 딥 러닝 시스템에는 수억 개의 가중치 매개변수와 수억 개의 훈련용 레이블 데이터가 있습니다. 우리는 이런 종류의 모델이 어떻게 작동하는지 이해하기 쉽게 작은 예제를 다룰 것입니다.

데이터셋을 쉽게 데이터를 다운로드하기 위해 input_data.py 스크립트를 사용하겠습니다. 이 파일은 3장에서 언급한 적이 있습니다. 현재는 이 스크립트가 텐서플로 코드베이스에 통합되어 있습니다. 그러므로 따로 다운로드할 필요는 없고 바로 임포트하여 사용하면 됩니다. 아래 코드를 실행하면 현재 디렉터리 하위에 MNIST_data 디렉터리가 만들어지고 자동으로 필요한 데이터가 다운로드됩니다. 네트워크가 빠르지 않을 수 있으니 에러가 발생하면 몇 차례 재시도하면 됩니다.

```
from tensorflow.examples.tutorials.mnist import input_data
mnist = input_data.read_data_sets("MNIST_data/", one_hot=True)
```

위 코드를 실행하면 훈련 데이터가 들어 있는 mnist.train과 테스트 데이터가 들어 있는 mnist.test를 얻게 됩니다. 앞서 언급한 대로 데이터의 각 원소는 이미지(xs)와 레이블(ys)로 구성되어 있습니다. 훈련 데이터나 테스트 데이터 모두 xs와 ys를 가지고 있습니다. 또한 훈련 이미지는 mnist.train.image로 참조가 가능하고, 훈련 레이블은 mnist.train.labels로 참조가 가능합니다.

이 이미지는 28×28 픽셀로 구성되어 있으므로 수치 행렬로 나타낼 수도 있습니다. 예를 들면 숫자 1의 한 이미지는 다음과 같이 행렬로 나타낼 수 있습니다.

그림 4-2 이미지를 행렬로 나타낸 예

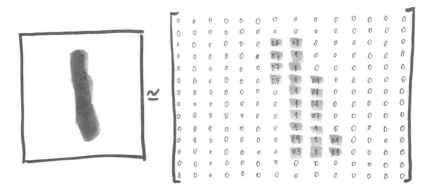

행렬에서 각 원소는 0과 1 사이의 값으로서 각 픽셀의 검은 정도를 나타냅니다. 즉 0에 가까울수록 흰색, 1에 가까울수록 검은색인 픽셀입니다. 이 행렬은 28 × 28 = 784개의 숫자 배열로 볼 수도 있습니다. 실제로 이미지는 784차원의 벡터 공간에 있는 일련의 점들을 변환한 결과입니다. 물론 이미지를 2차원 구조로 표현하면 일부 정보를 잃어버릴 수 있고, 이것이 몇몇 컴퓨터 비전 알고리즘에서는 결과에 영향을 미칠 수도 있습니다. 하지만 이 책에서 사용하는 간단한 알고리즘에서는 문제가 되지 않습니다.

이렇게 우리는 `mnist.train.images`를 얻었습니다. 지금까지 했던 것처럼 `get_shape` 함수로 구조를 확인해보겠습니다. 현재 이 데이터는 배열 형태의 객체이므로 텐서플로의 `convert_to_tensor` 함수를 이용해 먼저 텐서로 변환한 다음 `get_shape` 함수를 사용해야 합니다.

```
import tensorflow as tf
tf.convert_to_tensor(mnist.train.images).get_shape()
```

결과는 다음과 같습니다.

```
TensorShape([Dimension(55000), Dimension(784)])
```

첫 번째 차원은 각 이미지에 대한 인덱스이며 두 번째 차원은 이미지 안의 픽셀 수를 나타냅니다. 텐서의 모든 원소는 픽셀의 밝기를 나타내는 0에서 1 사이의 값입니다.

또한 각 이미지가 어떤 글자인지 알 수 있도록 0에서 9까지의 숫자로 구성된 레이블 데이터가 있습니다. 이 예제에서는 레이블을 10개의 원소로 구성된 벡터로 표현합니다. 이 벡터는 레이블 숫자에 대응되는 위치에 1의 값을 가지고 그 외에는 0 값을 가집니다. 예를 들어 2 이미지의 벡터는 [0, 0, 1, …, 0]입니다. 따라서 mnist.train.labels는 TensorShape([Dimension(55000), Dimension(10)]) 구조를 갖는 텐서입니다.

4.2 인공 뉴런

이 책은 신경망의 이론적 개념에 초점을 두진 않지만 독자들의 이해를 돕기 위해 어떻게 뉴런neuron이 훈련 데이터를 통해 학습하는지 짧고 쉽게 소개하겠습니다. 관련 이론에 대해 이미 알고 있는 독자는 이 절을 건너뛰고 텐서플로 프로그래밍 부분으로 바로 가도 좋습니다.

뉴런이 어떻게 학습하는지 간단한 그림 예제를 보겠습니다. '사각형'과 '원' 레이블이 달린 점들이 2차원 평면에 있습니다. 이럴 때 새로운 점 X가 주어지면 이 점은 어떤 레이블이 될까요?

그림 4-3 사각형과 원 레이블이 달린 점들

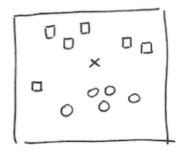

일반적인 근사 방법은 두 그룹을 나누는 선을 긋고 이를 분류의 기준으로 삼는 것입니다.

그림 4-4 그룹을 선으로 나눠 분류

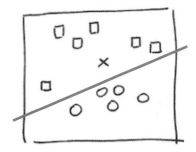

이 예에서 입력 데이터는 2차원 공간의 좌표 (x, y)를 갖는 벡터로 표현됩니다. 그리고 '0' 또는 '1'(각각 직선의 위, 아래를 뜻합니다)을 리턴하는 함수를 사용하여 사각형과 원 그룹을 분류합니다. 수학적으로 말하면, 선형회귀분석에서 배운 대로 이 '선'(즉, 분류 기준)은 $y = W * x + b$로 쓸 수 있습니다.

일반화해서 말하자면 뉴런은 가중치 W(입력 데이터 X와 같은 차원을 가짐)와 오프셋 b를 학습해서 어떻게 점들을 분류하는지를 배워야 합니다. 여기서 b를 신경망에서는 **편향**bias이라고 부릅니다. 이런 방식을 따라 뉴런은 가중치 W를 사용하여 입력 데이터인 X의 가중치 합을 계산하고 오프셋 b를 더합니다. 마지막으로 뉴런은 '0' 또는 '1'의 결과를 내기 위해 비선형 **활성화 함수**activation function를 적용합니다. 뉴런의 기능을 조금 더 수학적으로 적으면 다음과 같습니다.

$$z = b + \sum_i x_i W_i$$

$$y = \begin{cases} 1, & \text{if } z \geq 0 \\ 0, & \text{if } z < 0 \end{cases}$$

이제 뉴런의 함수를 정의했으니 뉴런이 어떻게 이를 이용해 사각형과 원 레이블이 달린 훈련 데이터로 매개변수 W와 b를 학습하고 새로운 점 X를 분류하는지 알아보겠습니다.

시작은 선형회귀 때 했던 것과 비슷합니다. 즉, 뉴런에 레이블 달린 데이터를 공급한 다음 얻은 결과를 실제 값과 비교하는 것입니다. 그렇게 반복하면서 2장에서 본 것처럼 오차를 최소화하기 위해 가중치 W와 b를 조정합니다.

일단 W와 b 매개변수를 구해서 가중치 합[3]을 계산하고 나면 z에 저장된 결과를 '0' 또는 '1'로 바꿀 함수가 필요합니다. 몇 종류의 활성화 함수가 있지만 여기에서는 0과 1 사이의 실수를 리턴하는 유명한 **시그모이드 함수**sigmoid function[4]를 사용하겠습니다.

$$z = b + \sum_i x_i W_i$$

$$y = \frac{1}{1 + e^{-z}}$$

---

3 W * x + b
4 'S자 모양' 함수라는 뜻입니다. S자 모양으로 0과 1에 무한히 가까워지는 함수로서, 인공 신경망의 뉴런에서 일어나는 선형적인 가중치 계산을 비선형적으로 변경시켜주어 더 폭넓은 문제에 적용할 수 있도록 도와줍니다.

이 공식을 보면 시그모이드 함수는 0과 1에 가까운 값으로 수렴하는 경향이 있는 것을 알 수 있습니다. 만약 z가 충분히 큰 양수이면 e^{-z}는 0에 가까워지고 결국 y는 거의 1이 됩니다. 반대로 z가 충분히 큰 음수이면 e^{-z}는 매우 큰 양수가 되고 분모가 커지므로 y는 거의 0이 됩니다. 이 함수를 그림으로 나타내면 다음과 같습니다.

그림 4-5 시그모이드 함수의 모양

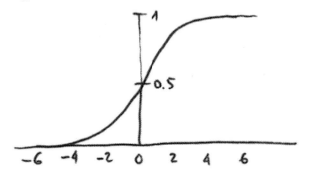

여기서 우리는 하나의 뉴런에 대해서만 정의를 했지만, 신경망은 사실상 여러 방식으로 연결되어 있고 각기 다른 활성화 함수들을 사용하는 뉴런들을 합쳐놓은 것입니다. 이 책의 구성상 신경망 세계의 모든 면면을 살펴볼 수는 없겠습니다만, 정말로 흥미로운 분야입니다.

우리가 이번 장에서 살펴보는 예제는 계층이 하나인 **단일 계층 신경망**single-layer neural network입니다. 곧 5장에서 살펴보겠지만, 사실 신경망의 전형적인 구조는 입력을 받는 하위 계층(입력 계층input layer), 결과 값을 내는 상위 계층(출력 계층output layer) 등 뉴런을 여러 개의 계층으로 구성하는 것입니다. 신경망에는 여러 개의 중간 계층(은닉 계층hidden layer)이 있을 수도 있습니다. 이를 **다중 계층 신경망**multi-layer neural network이라고 하며 그림으로 나타내면 다음과 같습니다.

그림 4-6 다중 계층 신경망의 예

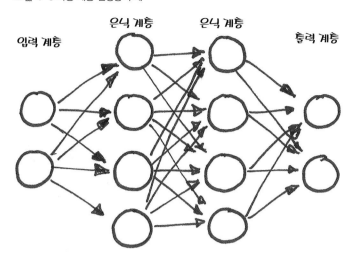

이런 신경망에서는 어떤 계층의 뉴런들이 정보를 받기 위해 이전 계층의 뉴런과 커뮤니케이션을 합니다. 결과를 내보내기 위해 다음 계층의 뉴런과 커뮤니케이션하기도 합니다.

앞서 이야기한 시그모이드 외에도 각기 다른 특성을 가진 여러 가지 활성화 함수가 있습니다. 예를 들면 출력 계층에서 두 가지 이상의 클래스로 데이터를 분류하고 싶을 때에는 시그모이드 함수의 일반화된 형태인 **소프트맥스 함수**softmax function를 활성화 함수로 사용할 수 있습니다. 소프트맥스 함수는 각 클래스[5]에 대한 확률을 얻게 해줍니다. 이들 클래스의 확률의 합은 1이고 가장 높은 확률을 가진 클래스가 결과 값이 될 가능성이 가장 높습니다.

---

5 이 책의 예제에서는 레이블을 뜻합니다. 일반적으로 카테고리를 의미한다고 보면 됩니다.

4.3 간단한 예제: 소프트맥스

여기서 풀려는 문제는 입력 이미지가 주어졌을 때 0~9까지 각 숫자와 얼마나 비슷한지에 대한 확률을 구하려는 것임을 떠올립시다. 우리 모델은, 예를 들어 어떤 이미지가 9일 확률이 80%이고 8일 확률이 5%(9의 꼬리 부분이 애매하게 생겼기 때문)이며 다른 숫자일 확률은 특정 값 이하로 낮다고 예측predict할 수 있습니다. 손글씨 숫자를 인식하는 것엔 어느 정도 불확실한 부분이 있고 100% 확신을 얻긴 어렵습니다. 이런 경우에 확률분포probability distribution를 보면 예측을 얼마나 신뢰할 수 있는지 알 수 있습니다.

따라서 우리는 상호 배타적인 각 레이블에 대해 확률분포가 담긴 출력 벡터를 결과로 구할 것입니다. 10개의 확률 값을 가지는 이 벡터는 각각 0에서 9까지의 숫자에 대응되며, 이들 확률의 전체 합은 1입니다.

앞서 언급한 것처럼 이 벡터는 출력 계층에 소프트맥스 활성화 함수를 적용하여 얻어집니다. 소프트맥스 함수를 사용한 뉴런의 출력 값은 그 계층의 다른 뉴런의 출력 값에 영향을 받게 되고, 그 출력 값들의 합은 1이 되어야 합니다.

소프트맥스 함수는 두 개의 주요 단계로 이뤄집니다. 첫 번째는 이미지가 어떤 레이블에 속하는지 **근거**evidence를 계산하는 과정이며, 두 번째는 근거들을 각 레이블에 대한 확률로 변환하는 것입니다.

4.4 클래스 소속 근거

이미지가 어떤 클래스/레이블에 속하는지 근거를 측정할 때 보통 사용하는 방법은 픽셀의 진한 정도에 대한 가중치 합을 계산하는 것입니다. 주어진 클래스에는 없는 진한 픽셀이 이미지에 있다면 가중치는 음의 값이 되고, 클래스의 진한 픽셀이 이미지와 자주 겹친다면 가중치는 양의 값이 됩니다.

예를 들어 숫자 0을 학습한 모델의 그림을 한 번 살펴보겠습니다(학습 과정이 어떻게 이루어지는지는 나중에 살펴보겠습니다). 여기에서 모델은 이미지가 어떤 클래스에 속할지에 대한 정보를 가진 '어떤 것'이라고 정의합니다. 이 경우에는 다음과 같은 모델이 선택되었습니다. 붉은색은 잘 맞지 않는 부분을 나타내고(즉 0에는 잘 나타나지 않는 픽셀임) 푸른색은 잘 들어맞는 부분임을 나타냅니다.[6]

그림 4-7 숫자 0을 학습한 모델

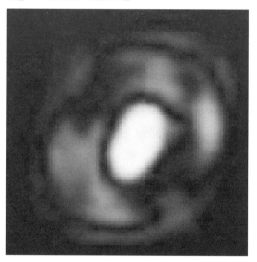

28×28 픽셀 크기의 흰 종이에 숫자 0을 그려본다고 생각해봅시다. 일반적으로 숫자 0은 앞의 그림의 푸른색 부분에 그려지게 될 것입니다. 이 그림들은 원래 20×20 크기였던 그림 영역 주위에 약간의 여유를 두고 가운데를 맞춘 그림임을 기억하세요.

---

6 지면에서 밝은 하얀색 부분(그림의 가운데)이 붉은색이고, 어두운 회색(그림에서 가운데 원을 둘러싼 가장자리)이 파란색을 뜻합니다. 이번 장에 나오는 MNIST 숫자 이미지들을 학습한 결과(그림 4-9)는 텐서플로 공식 튜토리얼에서 컬러로 볼 수 있습니다(https://goo.gl/P7TDHL).

여기서 붉은색 영역을 가로지르는 이미지는 숫자 0이 아니라고 생각하는 것이 자연스럽습니다. 따라서 푸른색 영역에 위치한 픽셀들은 가산점을 주고 붉은색 영역에 위치한 픽셀들은 벌점을 주는 측정 방법이 타당성 있습니다.

이번에는 숫자 3을 생각해봅시다. 숫자 0에 대한 모델에서는 붉은색 영역이 0이 될 가능성을 낮추는 역할을 했습니다. 다음 그림과 같은 숫자 3의 참조 모델에서는 3을 구성하는 픽셀을 따라 푸른색 영역이 형성될 것입니다. 이 모델 위에 숫자 0을 그린다면 붉은색 영역을 가로지를 것입니다.

그림 4-8 숫자 3을 학습한 모델

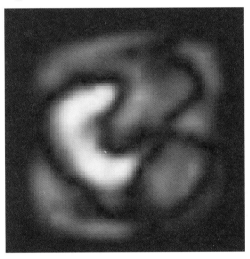

이 두 예제를 보면서 설명한 내용이 어떻게 이미지에서 숫자를 추정할 수 있는지 이해하는 데 도움이 되었길 바랍니다.

아래 그림은 MNIST 데이터셋을 통해 학습한 10개의 레이블/클래스입니다(텐서플로 공식 튜토리얼에서 가져왔습니다). 붉은색은 음의 가중치를 나타내고 푸른색은 양의 가중치를 나타냅니다.

그림 4-9 숫자 0에서 9까지 학습한 모델

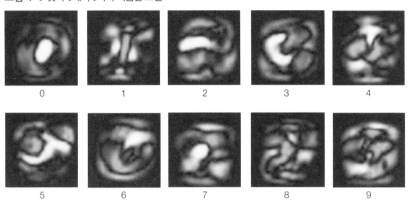

수학적으로 쓰면 입력 x가 주어졌을 때 클래스 i에 대한 근거는 다음과 같이 나타낼 수 있습니다.

$$\text{evidence}_i = \sum_j W_{i,j} x_j$$

여기서 i는 클래스(이 예제에서는 0~9까지 숫자)를 나타내며 j는 입력 이미지의 픽셀들의 합계를 내기 위한 인덱스를 나타냅니다. W_i는 앞에서 언급한 가중치를 나타냅니다.

일반적으로 모델은 약간의 불확실성을 더해주는 편향 매개변수를 추가로 가집니다. 그러므로 공식은 다음과 같이 됩니다.

$$\text{evidence}_i = \sum_j W_{i,j} x_j + b_i$$

즉, 각 i(0에서 9까지의 숫자)에 대해 784개 원소(28×28)를 가지는 행렬 W_i를 얻게 됩니다. W_i는 784개 픽셀로 이루어진 입력 이미지 원소들과 곱해지고,

끝으로 여기에 b_i를 더합니다. 이상의 행렬 연산을 인덱스와 함께 그림으로 나타내면 다음과 같습니다.[7]

그림 4-10 그림으로 나타낸 행렬 연산

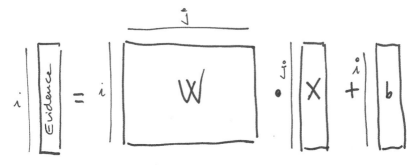

4.5 클래스 소속 확률

이제 확률을 계산하는 두 번째 단계를 설명하겠습니다. 구체적으로 말해 소프트맥스 함수를 사용하여 근거들의 합을 예측 확률 y로 산출할 것입니다.

$$y = \mathrm{softmax}(\mathrm{evidence})$$

이때 출력 벡터는 원소의 합이 1인 확률 함수가 되어야 합니다. 벡터의 각 원소를 정규화하기 위해 소프트맥스 함수는 입력 값을 모두 지수 값으로 바꿉니다.

$$\mathrm{softmax}(x)_i = \frac{\exp(x_i)}{\sum_j \exp(x_j)} = \frac{e^{x_i}}{\sum_j e^{x_j}}$$

---

7 이번 장의 그림들은 실제 코드에서 생성하는 행렬과 행과 열이 서로 바뀌어 있습니다. 수학에서는 y 행렬을 수직 방향으로 표현하는 것이 일반화되어 이를 따른 것으로 보입니다.

지수 함수를 사용하면 가중치를 더 커지게 하는 효과를 얻을 수 있습니다. 또한 한 클래스의 근거가 작을 때 이 클래스의 확률도 더 낮아지게 됩니다. 뿐만 아니라 소프트맥스는 가중치의 합이 1이 되도록 정규화하여 확률분포를 만들어 줍니다.

이 함수의 좋은 점은 예측이 잘 이루어지면 1에 가까운 출력은 하나만 있고 다른 출력은 0에 가까워진다는 점입니다. 하지만 예측이 잘 이루어지지 않으면 여러 레이블이 비슷한 확률을 가지게 될 수 있습니다.

4.6 텐서플로 프로그래밍

알고리즘이 어떻게 숫자를 인식하는지 간단하게 소개했으니 이제 텐서플로로 구현해보겠습니다. 이를 위해 텐서가 어떻게 모델의 데이터와 매개변수를 저장하는지 빠르게 훑어보겠습니다. 독자들이 이 예제를 쉽게 이해할 수 있도록 자료구조 및 자료구조 사이의 관계를 그림으로 그리면 다음과 같습니다.

그림 4-11 모델의 관계를 나타낸 그림

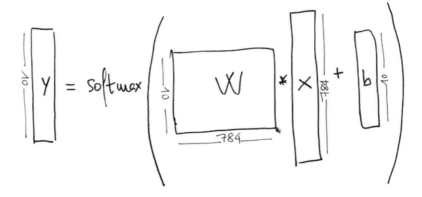

먼저 가중치 W와 편향 b를 저장할 변수를 두 개 만듭니다.

```
W = tf.Variable(tf.zeros([784, 10]))
b = tf.Variable(tf.zeros([10]))
```

이 변수들은 tf.Variable 함수를 사용하여 생성되었고 초기 값을 가집니다. 여기서는 모두 0으로 이루어진 상수 텐서를 초기 값으로 지정했습니다.

매개변수로는 상수 텐서 tf.zeros([784, 10])가 전달되었습니다. 즉 W가 [Dimension(784), Dimension(10)] 구조를 가졌음을 알 수 있습니다. 같은 맥락으로 편향 b는 구조가 [Dimension(10)]입니다.

행렬 W는 10개의 숫자 클래스에 대해 이미지 벡터의 784개 픽셀과 곱셈하기 위한 크기를 가지고 있으며, b가 더해진 후에 근거를 구성할 텐서가 만들어집니다.

MNIST 예제의 경우 x 점에 대한 정보를 저장하기 위한 2차원 텐서는 다음과 같은 코드로 만듭니다.

```
x = tf.placeholder("float", [None, 784])
```

텐서 x는 MNIST 이미지를 784개의 실수 벡터로 저장하는 데 사용됩니다. None 이라고 지정한 것은 어떤 크기나 가능하다는 뜻으로서, 여기에서는 학습 과정에 사용될 이미지의 총 개수가 될 것입니다.

텐서를 만들었으니 모델을 만들 차례입니다. 텐서플로가 제공하는 연산 함수 중에 tf.nn.softmax가 있습니다. 이 함수가 바로 지금까지 설명한 소프트맥스 함수를 텐서플로로 구현한 것입니다. 텐서 하나가 매개변수로 주어져야 하며 이름은 선택적입니다. 이 함수는 입력한 텐서와 같은 종류 및 구조의 텐서를 리턴합니다.

우리 예제에서는 이미지 벡터 x와 가중치 행렬 W를 곱하고 b를 더한 텐서를 이 함수에 입력할 것입니다.

```
y = tf.nn.softmax(tf.matmul(x, W) + b)
```

모델을 구현할 때는, 반복하여 훈련하는 알고리즘을 이용하여 가중치 W와 편향 b를 얻을 수 있도록 코드를 작성해야 합니다. 반복이 일어날 때마다 훈련 알고리즘은 훈련 데이터를 받아 신경망에 적용하고 결과를 기댓값과 비교하게 됩니다.

모델이 충분히 좋은지 혹은 아닌지를 판단하기 위해서는 충분히 좋은 것이 어떤 것인지 정의를 해야 합니다. 이전 장에서 보았듯이 통상적인 방법은 반대의 경우를 정의하는 것입니다. 즉 비용함수를 사용하여 얼마나 모델이 나쁜지를 재는 것입니다. 이 경우 얼마나 모델이 나쁜지를 나타내는 함수를 최소화하는 W와 b를 얻는 게 목적입니다.

기대하는 값과 실제 출력 값 사이의 오차를 재기 위한 방법에는 여러 가지가 있습니다. 앞에서 살펴봤던 평균제곱오차나 유클리드 제곱거리 등을 널리 사용하기도 합니다. 하지만 일부 연구에서는, 신경망에서는 **교차 엔트로피 에러**cross entropy error 같은 측정 방식을 사용하도록 권장합니다. 이 방식에 대해 이제부터 살펴볼 것입니다.

교차 엔트로피 에러는 다음과 같이 계산됩니다.

$$-\sum_i y_i' \log(y_i)$$

y는 예측된 확률분포이고 y'은 레이블이 달린 훈련 데이터로부터 얻은 실제 분포입니다. 교차 엔트로피의 배경이 되는 수학적 내용이나 신경망에서의 역할에 대해 깊게 들어가진 않겠습니다. 그건 이 책이 커버하는 내용보다 더 복잡하기 때문

입니다. 다만 두 분포(y와 y')가 같을 때 최솟값을 얻는다는 점만 알아두면 됩니다. 이 함수에 대해 더 자세히 알고 싶다면 『신경망과 딥 러닝』 책을 참고하는 게 좋습니다.

교차 엔트로피 함수를 구현하기 위해서는 실제 레이블을 담고 있는 새로운 플레이스홀더가 하나 더 필요합니다.

```
y_ = tf.placeholder("float", [None, 10])
```

이 플레이스홀더를 이용해 아래 코드처럼 크로스 엔트로피 비용함수를 구현할 수 있습니다.

```
cross_entropy = -tf.reduce_sum(y_*tf.log(y))
```

먼저 텐서플로 내장 함수인 `tf.log()`를 사용해 y의 각 원소 로그 값을 구합니다. 그리고 나서 `y_`의 각 원소와 곱합니다. 마지막으로 `tf.reduce_sum` 함수를 사용하여 텐서의 모든 원소를 더합니다. 나중에 다룰 이미지는 여러 개이므로 교차 엔트로피의 값은 하나의 이미지에 대한 것이 아니라 이미지 묶음 y에 대응하여 나옵니다.

샘플에 대한 오차가 계산되면 다음번 루프 반복에서는 기댓값과 계산된 값의 차이를 줄이기 위해 모델을 반복적으로 수정해야 합니다. 즉 매개변수 W와 b를 수정해야 합니다.

결국 이 문제는 반복적인 최소화 과정이 됩니다. 신경망에는 이런 문제를 해결하기 위한 몇 가지 알고리즘이 있습니다. 여기서는 오차를 후방으로 전파하는 방식인 **역전파**[backpropagation] 알고리즘을 사용할 것입니다. 이름이 말해주듯이 이 알고리즘은 가중치 W를 재계산할 때, 출력 값으로부터 얻은 오차를 뒤쪽으로 전파합니다. 특히 다중 계층 신경망에서 중요한 알고리즘입니다.

교차 엔트로피 비용함수와 경사 하강법을 사용하면, 매 루프 반복마다 오차를 줄이기 위해서는 주어진 상황에서 얼마만큼 매개변수를 변경해야 할지를 계산할 수 있습니다. 여기서는 물론 오차를 줄이기 위해 매 루프 반복마다 가중치 W를 조금씩 변경할 것입니다(여기서 '조금'이란 학습 속도 초매개변수[hyperparameter]에 따라 결정됩니다. 학습 속도란 앞에서 살펴봤듯 매개변수가 변경되는 속도를 나타냅니다).

이 예제는 계층이 하나만 있는 신경망이어서 역전파에 대해 자세히 설명하진 않겠습니다. 여기서는 역전파 알고리즘이 '텐서플로가 모델을 훈련시키기 위해 적절한 비용함수의 기울기를 찾는 최적화 알고리즘'이며 '데이터 그래프를 실행한다'는 점만 기억해주세요.

MNIST 이미지를 사용하는 이 예제에서는 아래 코드처럼 학습 속도 0.01과 경사 하강법 알고리즘을 사용하여 크로스 엔트로피를 최소화하는 역전파 알고리즘을 사용합니다.

```
train_step = tf.train.GradientDescentOptimizer(0.01).minimize(
    cross_entropy)
```

알고리즘을 모두 작성했으니, tf.Session()으로 시스템에서 사용 가능한 디바이스(CPU 또는 GPU)에서 텐서플로의 연산을 실행할 수 있습니다.

```
sess = tf.Session()
```

모든 변수를 초기화하고 세션을 시작합니다.

```
sess.run(tf.global_variables_initializer())
```

여기서부터 모델 훈련을 시작합니다. **train_step**에서 산출된 매개변수는 경사 하강법 알고리즘에 다시 참여하게 됩니다. 따라서 모델을 훈련시키려면 **train_step**을 반복적으로 실행해야 합니다. 한번 **train_step**을 1000번 실행해보겠습니다. 아래 코드를 참고하세요.

```
for i in range(1000):
  batch_xs, batch_ys = mnist.train.next_batch(100)
  sess.run(train_step, feed_dict={x: batch_xs, y_: batch_ys})
```

루프 내 첫 번째 라인은 훈련 데이터셋으로부터 무작위로 100개를 추출합니다. 루프를 반복할 때마다 전체 데이터를 모두 사용할 수도 있지만, 예제를 더 편리하게 실습하기 위해 작은 표본 데이터를 이용하는 방법을 택했습니다. 그다음 라인에서는 플레이스홀더를 사용하여 이 100개의 샘플 데이터를 주입합니다.

경사 하강법 기반의 머신 러닝 알고리즘은 텐서플로의 자동화된 미분 기능을 이용합니다. 텐서플로 사용자는 예측 모델의 계산 구조를 정의하고 목표 함수[8]와 연결한 후 데이터만 넣어주면 됩니다.

학습 과정에서 일어나는 미분에 필요한 연산은 텐서플로가 처리합니다. minimize() 메서드가 실행될 때 텐서플로는 **손실함수**loss function, 즉 비용함수에 연관된 변수들을 알아서 인식하고 각각에 대해 기울기를 계산합니다. 미분 계산이 어떻게 구현되어 있는지 더 알고 싶다면 텐서플로 소스 중 ops/gradients.py 파일(https://git.io/vKcMK)을 참고하세요.

---

8 즉 y = W * x + b

4.7 모델 평가

모델은 훈련이 끝나면 얼마나 좋은지(혹은 나쁜지) 반드시 평가를 해야 합니다. 예를 들면 예측이 잘 맞았는지에 대해 성공한 것과 실패한 것의 퍼센트를 계산해 볼 수 있습니다. 이전 장에서 tf.argmax(y, 1) 함수가 텐서의 한 차원을 따라 가장 큰 값의 인덱스를 리턴한다는 걸 배웠습니다. 즉 tf.argmax(y, 1)은 입력 이미지에 대해 가장 높은 확률을 가진 레이블을 리턴합니다. 한편 tf.argmax(y_, 1)은 실제 레이블입니다. tf.equal 메서드를 사용하여 예측 값과 실제 레이블을 다음과 같이 비교할 수 있습니다.

```
correct_prediction = tf.equal(tf.argmax(y,1), tf.argmax(y_,1))
```

위 코드는 불리언으로 이루어진 리스트를 리턴합니다. 예측한 것이 얼마큼 맞았는지를 확인하려면 불리언을 수치 값(부동소수점)으로 다음과 같이 변경합니다.

```
accuracy = tf.reduce_mean(tf.cast(correct_prediction, "float"))
```

예를 들어 [True, False, True, True]는 [1, 0, 1, 1]로 바뀔 테고, 그 평균은 0.75가 나올 것입니다. 이것이 바로 **정확도**accuracy의 퍼센트를 나타냅니다. 이제 feed_dict 매개변수로 mnist.test를 전달하여 테스트 데이터셋에 대한 정확도를 계산해봅시다.

```
print sess.run(accuracy, feed_dict={x: mnist.test.images,
                                    y_: mnist.test.labels})
```

저는 91% 정도의 정확도를 얻었습니다. 결과가 만족할 만한가요? 저는 매우 훌륭하다고 생각합니다. 많은 독자가 난생처음 텐서플로를 이용해 신경망을 프로그래밍해본 것일 테니 이 정도면 훌륭한 결과 아닐까요?

더 높은 정확도를 내는 방법들도 있습니다. 바로 다음 장에서 살펴볼 여러 개의 계층을 가지는 신경망 방법입니다.

이 장의 전체 코드는 이 책의 깃허브 저장소에서 redneuronalsimple.py 파일입니다. 읽기 편리하도록 전체 코드를 아래 옮겨둡니다.

```python
from tensorflow.examples.tutorials.mnist import input_data
mnist = input_data.read_data_sets("MNIST_data/", one_hot=True)

import tensorflow as tf

x = tf.placeholder("float", [None, 784])
W = tf.Variable(tf.zeros([784, 10]))
b = tf.Variable(tf.zeros([10]))

y = tf.nn.softmax(tf.matmul(x, W) + b)
y_ = tf.placeholder("float", [None,10])

cross_entropy = -tf.reduce_sum(y_*tf.log(y))
train_step = tf.train.GradientDescentOptimizer(0.01).minimize(
    cross_entropy)

sess = tf.Session()
sess.run(tf.global_variables_initializer())

for i in range(1000):
  batch_xs, batch_ys = mnist.train.next_batch(100)
  sess.run(train_step, feed_dict={x: batch_xs, y_: batch_ys})
```

```
correct_prediction = tf.equal(tf.argmax(y,1), tf.argmax(y_,1))
accuracy = tf.reduce_mean(tf.cast(correct_prediction, "float"))
print sess.run(accuracy, feed_dict={x: mnist.test.images,
                                    y_: mnist.test.labels})
```

다중 계층 신경망

이 장에서는 이전 장에서 보았던 MNIST 손글씨 숫자를 인식하는 문제를 가지고 간단한 딥 러닝 신경망을 만들어보겠습니다.

앞에서 말했듯, 딥 러닝 신경망은 여러 개의 계층을 차곡차곡 쌓아 구성한 것입니다. 특히 이 장에서는 딥 러닝의 전형적인 예인 합성곱 신경망을 만들겠습니다. 합성곱 신경망은 1998년 얀 르쿤 등 몇몇 사람들에 의해 처음 소개되어 널리 사용되고 있습니다. 합성곱 신경망은 최근 이미지 인식 분야에서 놀라운 성능을 내고 있습니다. 예를 들어 우리가 살펴본 손글씨 숫자 인식 문제에 대해 99% 이상의 정확도를 달성했습니다.

이 장에서는 합성곱 신경망의 두 가지 중요한 개념을 예제 코드와 함께 진행하면서 설명하겠습니다. 바로 합성곱과 풀링입니다. 이 책은 입문서이므로 매개변수들의 상세한 부분은 다루지 않습니다. 독자들이 코드를 모두 실행해보고 합성곱 신경망에 대한 큰 그림을 이해할 수 있기를 바랍니다.

5.1 합성곱 신경망

합성곱 신경망convolution neural network (CNN 또는 ConvNet이라고도 부릅니다)이란 딥 러닝의 특별한 케이스이며 컴퓨터 비전 분야에 아주 커다란 영향을 주어왔습니다.

CNN의 전형적인 특징은 거의 항상 입력 데이터로 이미지를 받는다는 점입니다. 덕분에 신경망을 효율적으로 구현할 수 있고 필요한 매개변수의 수를 줄일 수 있습니다.

그럼 MNIST 손글씨 이미지 인식 문제를 시작해봅시다. 이전 장에서 했던 것처럼 먼저 MNIST 데이터를 로드해야 합니다.

```
from tensorflow.examples.tutorials.mnist import input_data
mnist = input_data.read_data_sets('MNIST_data/', one_hot=True)
```

그다음 텐서플로 플레이스홀더를 정의합니다.

```
import tensorflow as tf

x = tf.placeholder("float", shape=[None, 784])
y_ = tf.placeholder("float", shape=[None, 10])
```

다음과 같이 입력 데이터를 원래 이미지의 구조로 재구성합니다. reshape 함수를 사용합니다.

```
x_image = tf.reshape(x, [-1,28,28,1])
```

여기서 우리는 입력 데이터의 크기를 4D 텐서로 바꾸었습니다. 두 번째와 세 번째 차원은 이미지의 너비와 높이이고 마지막 차원은 이미지의 컬러 채널로 여기서는 1[1]입니다. 아래 그림처럼 신경망의 입력을 28×28 크기의 2차원 공간의 뉴런들이라고 생각할 수 있습니다.

---

1 흑백 이미지이므로

그림 5-1 신경망의 입력 데이터

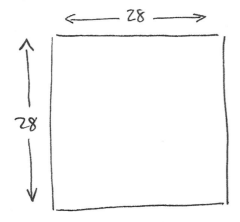

먼저 CNN에서 중요한 두 개념인 합성곱 계층과 풀링 계층에 대해 간단히 소개하겠습니다.

5.1.1 합성곱 계층

합성곱 신경망의 주요 목적은 테두리, 선, 색 등 이미지의 시각적 특징^{characteristic}이나 특성^{feature}을 감지하는 것입니다. 이것은 앞에서 언급했던 입력 계층과 연결된 은닉 계층에 의해 처리됩니다. CNN은 재미있게도 입력 데이터가 첫 번째 은닉 계층의 뉴런에 완전 연결되어$^{fully\ connected}$있지는 않습니다. 이미지의 픽셀 정보를 저장하는 입력 뉴런의 작은 일부 영역만이 첫 번째 은닉 계층의 한 뉴런과 연결됩니다. 그림으로 보면 다음과 같습니다.

그림 5-2 은닉 계층의 뉴런과 연결된 입력 데이터

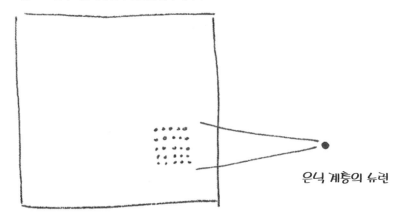

은닉 계층의 뉴런

정확하게 말하면 이 예에서 은닉 계층의 각 뉴런은 입력 계층의 5×5 영역과 연결됩니다. 즉 하나의 뉴런이 25개 픽셀에 대응합니다.

이것을 입력 이미지를 담고 있는 28×28 크기의 전체 입력 계층을 훑고 지나가는 5×5 크기의 윈도^{window}로 생각할 수 있습니다. 윈도는 계층의 전체 뉴런을 슬라이딩하여 지나갑니다. 그리고 윈도의 각 위치마다 입력 데이터를 처리하기 위한 은닉 계층의 뉴런이 배정됩니다.

윈도가 이미지의 왼쪽 위부터 시작되고 입력 계층의 첫 번째 뉴런이 그 정보를 받는다고 가정합니다. 그러면 다음 윈도는 한 픽셀 오른쪽으로 이동하여 다음 5×5 영역을 은닉 계층의 다음 뉴런과 연결합니다. 이런 식으로 왼쪽에서 오른쪽으로, 위에서 아래로 전체 영역을 커버할 때까지 계속합니다.

그림 5-3 윈도를 이용한 입력 계층과 은닉 계층의 연결

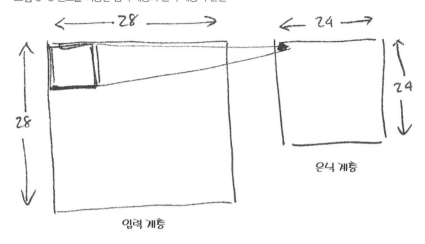

이 방법을 실제로 적용해보면 28×28 크기의 입력 이미지에 대해 5×5 크기의 윈도는 24×24 크기의 은닉 계층을 만들게 됩니다. 입력 이미지의 오른쪽 아래 끝까지 가려면 오른쪽으로 23번, 아래로 23번만 움직일 수 있기 때문입니다. 이는 윈도가 1픽셀씩만 움직이며 새 윈도는 같은 선상에 있었던 이전 윈도와 겹친다고 가정합니다.

물론 합성곱 계층에서 한 번에 1픽셀 이상 움직이는 것도 가능합니다. 한 번에 얼마큼 움직일지를 결정하는 이 매개변수를 **스트라이드**stride라고 부릅니다. 또 한 가지 생각할 게 있습니다. 좀 더 좋은 결과를 내기 위해서는 이미지 바깥으로도 윈도가 넘어갈 수 있도록 하는 게 좋을 것입니다. 이를 위해 0(또는 다른 값)으로 이미지의 바깥 테두리를 채울 수 있습니다. 이렇게 채울 테두리의 크기를 지정하는 매개변수를 **패딩**padding이라고 합니다. 이 책은 입문서이므로 이 두 매개변수를 사용하는 방법까지 들어가지는 않겠습니다.

이들 매개변수에 대한 더 자세한 내용은 스탠퍼드의 강의 문서(`https://git.io/vKlww`) 등을 참고해주세요.[2]

이 예제에서 입력 계층과 은닉 계층의 뉴런을 연결하기 위해서는 앞 장의 공식을 따라 5×5 가중치 행렬 W와 편향 b가 필요합니다. CNN의 핵심 특징은 가중치 행렬 W와 편향 b를 은닉 계층의 모든 뉴런이 공유한다는 점입니다. 즉 은닉 계층의 모든 뉴런에 대해, 여기서는 24×24(576)개의 뉴런이 같은 W와 b를 사용합니다. 따라서 완전 연결 신경망에 비해 상당한 양의 가중치 매개변수가 감소한다는 것을 알 수 있습니다. 가중치 행렬 W를 공유하지 않는다면 5×5×24×24(14000)개가 필요합니다.

이 공유 행렬 W와 편향 b를 CNN에서는 보통 **커널**kernel 혹은 **필터**filter라고 부릅니다. 이런 필터는 고유한 특징을 찾는 데 사용되며, 이미지를 리터치하는 이미지 처리 프로그램에서 사용하는 것과 유사합니다. 합성곱이 어떻게 작동하는지 감을 잡으려면 GIMP 매뉴얼의 예제 문서(`http://bit.ly/2ar2qpT`)를 읽어보는 것을 추천합니다.

우리는 하나의 가중치 행렬과 하나의 편향으로 하나의 커널을 정의했습니다. 하나의 커널은 이미지에서 한 종류의 특징만을 감지합니다(이를 '커널로 **특징 맵** feature map 또는 특성 맵을 만든다'라고도 합니다). 그러므로 감지하고 싶은 각 특징에 한 개씩 여러 개의 커널을 사용하는 것이 좋습니다. CNN에서 완전한 합성곱 계층은 보통 여러 개의 커널로 구성됩니다. 여러 개의 커널을 표현하는 보편적인 방법은 다음과 같습니다.

---

2 다만, 이 부분의 그림 설명은 예제 코드 구현과 차이점이 있어 짚고 넘어갈 필요가 있습니다. 뒤에서 볼 예제 코드에서는 padding 매개변수를 'SAME'으로 지정했으므로 좌우상하에 각각 2개의 패딩이 추가됩니다. 따라서 은닉 계층의 크기는 그림과 같이 24×24가 아니라 28×28이 됩니다.

그림 5-4 여러 개의 커널

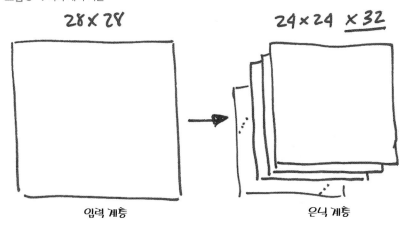

이렇게 첫 번째 은닉 계층은 여러 개의 특징 맵으로 구성됩니다. 이렇게 특징 맵들이 모여 있는 것을 **합성곱 계층**convolutional layer이라고 부릅니다. 이 예제에서는 32개의 커널을 사용할 것입니다. 각 커널은 5×5 가중치 행렬 W와 편향 b로 정의되고, 이 은닉 계층의 뉴런들이 이를 공통으로 사용합니다.

5.1.2 풀링 계층

이상에서 언급한 합성곱 계층 외에 **풀링 계층**pooling layer이 합성곱 계층 뒤에 따라오는 게 일반적입니다. 풀링 계층은 합성곱 계층의 출력 값을 단순하게 압축하고 합성곱 계층이 생산한 정보를 컴팩트한 버전으로 만들어줍니다. 이 예제에서는 합성곱 계층의 2×2 영역을 풀링을 사용하여 하나의 점으로 데이터를 압축하겠습니다.

그림 5-5 은닉 계층과 맥스 풀링 유닛

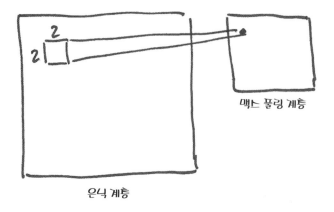

맥스 풀링 계층

은닉 계층

정보를 압축하기 위한 풀링 방법에는 여러 가지가 있습니다. 여기에서는 **맥스 풀링**max-pooling 방식을 사용합니다. 이 방법은 2×2 영역에서 가장 큰 값을 선택해서 정보를 압축합니다.

앞서 언급한 것처럼 합성곱 계층은 여러 개의 커널로 이루어져 있으므로 각각에 대해 따로따로 맥스 풀링을 적용할 것입니다. 일반적으로는 여러 개의 풀링 계층과 합성곱 계층이 있을 수 있습니다.

그림 5-6 맥스 풀링 계층

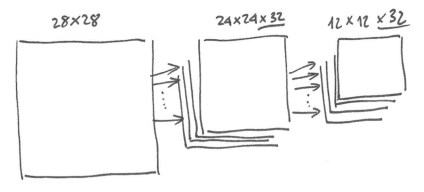

이렇게 24×24 합성곱의 결과를 2×2 영역으로 분할하면 12×12 개의 조각에

해당하는 12×12 크기의 맥스 풀링 계층이 만들어집니다.[3] 합성곱 계층과는 달리, 데이터가 슬라이딩 윈도에 의해 생성되는 것이 아니라 타일처럼 나뉘어 각각 만들어집니다.

맥스 풀링은 어떤 특징이 이미지의 여러 곳에 나타날 때, 특징의 정확한 위치보다는 다른 특징들과의 상대적 위치가 더 중요하다는 것을 설명해줍니다.

5.2 모델 구현

이제부터는 텐서플로 웹사이트에 있는 전문가를 위한 MNIST 예제 문서(`https://goo.gl/1rE1Gi`)를 기초로 하여 어떻게 CNN을 만드는지 코드를 만들어나가겠습니다. 시작하면서 언급했듯이 매개변수들에 대한 상세한 내용을 이해하려면 이 책에 있는 것보다 훨씬 더 세세한 부분을 다루어야 하고 이론적 배경이 필요합니다. 따라서 여기에서는 텐서플로 매개변수의 상세 내용은 제외하고 전체적인 코드를 구성하겠습니다.

먼저 코드를 단순하게 만들기 위해 가중치 행렬 W와 편향 b와 연관된 두 개의 함수를 다음과 같이 정의하겠습니다.

```
def weight_variable(shape):
  initial = tf.truncated_normal(shape, stddev=0.1)
  return tf.Variable(initial)

def bias_variable(shape):
  initial = tf.constant(0.1, shape=shape)
  return tf.Variable(initial)
```

---

3 이 부분 역시 예제 코드에서는 합성곱 계층의 크기가 28×28이므로 맥스 풀링 계층은 2×2 스트라이드를 거쳐 14×14가 됩니다.

간단히 말해 가중치는 일종의 임의잡음_random noise_으로 초기화했고, 편향은 작은 양수(0.1)를 갖도록 초기화했습니다.

합성곱 계층과 풀링 계층을 구성하기 위해서는 여러 개의 매개변수를 정해야 합니다. 우리는 각 차원 방향으로의 스트라이드(슬라이딩 윈도가 한 번에 이동하는 크기)를 1로 하고 패딩은 'SAME'으로 지정하겠습니다.[4] 풀링은 2×2 크기의 맥스 풀링을 적용하겠습니다. 코드를 간단하게 하기 위해 합성곱과 맥스 풀링을 위한 두 개의 함수를 다음과 같이 만듭니다.

```
def conv2d(x, W):
  return tf.nn.conv2d(x, W, strides=[1, 1, 1, 1], padding='SAME')

def max_pool_2x2(x):
  return tf.nn.max_pool(x, ksize=[1, 2, 2, 1], strides=[1, 2, 2, 1],
                        padding='SAME')
```

이제 첫 번째 합성곱 계층과 이를 뒤따르는 풀링 계층을 만들 차례입니다. 이 예제에서는 윈도 크기가 5×5인 32개의 필터를 사용합니다. 따라서 우리는 구조가 [5, 5, 1, 32]인 가중치 행렬 W를 저장할 텐서를 정의해야 합니다. 처음 두 개의 차원은 윈도의 크기이며 세 번째는 컬러 채널로 우리 예제에서는 1입니다. 마지막 차원은 얼마나 많은 특징을 사용할 것인지를 정의하는 것입니다.

여기에 32개 가중치 행렬에 대한 편향을 정의해야 합니다. 앞에서 만든 함수를 사용해 다음과 같이 정의합니다.

```
W_conv1 = weight_variable([5, 5, 1, 32])
b_conv1 = bias_variable([32])
```

---

4 여기서 padding 매개변수를 'VALID'로 바꾸면 앞의 그림과 같이 합성곱 계층의 크기가 24×24가 됩니다. padding 매개변수에 대한 자세한 설명은 API 문서(https://goo.gl/gFJ6Wk)를 참고해주세요.

렐루Rectified Linear Unit (ReLU) 활성화 함수는 최근 심층 신경망의 은닉 계층에서 거의 기본적으로 사용되는 활성화 함수가 되었습니다. 이 간단한 함수는 max(0, x)를 리턴할 뿐입니다. 즉 음수의 경우 0을 리턴하고 그 외에는 x를 리턴합니다. 이 예제에서도 합성곱 은닉 계층의 활성화 함수로 렐루 함수를 사용하겠습니다.

다음 코드는 입력 이미지 x_image에 대해 합성곱을 적용하고 합성곱의 결과를 2D 텐서 W_conv1에 리턴합니다. 그리고 여기에 편향을 더해 최종적으로 렐루 활성화 함수를 적용합니다. 다음으로 출력 값을 구하기 위해 맥스 풀링을 적용합니다.

```
h_conv1 = tf.nn.relu(conv2d(x_image, W_conv1) + b_conv1)
h_pool1 = max_pool_2x2(h_conv1)
```

심층 신경망을 구성할 때는 여러 계층을 쌓아 올릴 수 있습니다. 예시를 보이기 위해 5×5 윈도에 64개의 필터를 갖는 두 번째 합성곱 계층을 만들겠습니다. 이 때는 이전 계층의 출력 값의 크기(32)를 채널의 수로 넘겨야 합니다.

```
W_conv2 = weight_variable([5, 5, 32, 64])
b_conv2 = bias_variable([64])

h_conv2 = tf.nn.relu(conv2d(h_pool1, W_conv2) + b_conv2)
h_pool2 = max_pool_2x2(h_conv2)
```

14×14 크기 행렬인 h_pool1에 스트라이드 1로 5×5 윈도를 적용하여 합성곱 계층을 만들었고, 맥스 풀링까지 거쳐 크기는 7×7이 됩니다.

다음 단계는 이전 장에서 했던 것과 비슷하게 마지막 소프트맥스 계층에 주입하기 위해 7×7 출력 값을 완전 연결 계층에 연결합니다. 전체 이미지를 처리하기 위해서는 1024개의 뉴런을 사용하도록 하겠습니다. 이 경우 가중치와 편향 텐서는 다음과 같습니다.

```
W_fc1 = weight_variable([7 * 7 * 64, 1024])
b_fc1 = bias_variable([1024])
```

이 텐서의 첫 번째 차원은 두 번째 합성곱 계층의 7×7 크기의 64개 필터를 뜻하며, 두 번째 차원은 우리가 임의로 선택한 뉴런의 개수(여기서는 1024)입니다.

이제 텐서를 벡터로 변환합니다. 이전 장에서 본 것처럼 소프트맥스 함수는 이미지를 직렬화해서 벡터 형태로 입력해야 합니다. 이를 위해 가중치 행렬 W_fc1과 일차원 벡터를 곱하고 편향 b_fc1을 더한 후 렐루 활성화 함수를 적용합니다.

```
h_pool2_flat = tf.reshape(h_pool2, [-1, 7*7*64])

h_fc1 = tf.nn.relu(tf.matmul(h_pool2_flat, W_fc1) + b_fc1)
```

다음 단계는 **드롭아웃**dropout[5]이라는 기법을 통해 신경망에서 필요한 매개변수 수를 줄이는 것입니다. 이는 노드를 삭제하여 입력과 출력 사이의 연결을 제거하는 것입니다. 어떤 뉴런을 제거하고 어떤 것을 유지할지는 무작위로 결정됩니다. 뉴런이 제거되거나 그렇지 않을 확률은 코드로 처리하지 않고 텐서플로에 위임할 것입니다.

---

5 '중도탈락'이라고도 합니다.

아주 세세하게 설명할 순 없지만 드롭아웃은 모델이 데이터에 **오버피팅**overfitting[6]
되는 것을 막아줍니다. 은닉 계층에 아주 많은 수의 뉴런을 사용한다면 매우 상
세한 모델을 만들 수 있습니다. 하지만 동시에 임의의 잡음(혹은 오차)도 모델
에 포함될 수 있습니다. 이를 오버피팅이라 부르고, 이는 입력 데이터의 차원에
비해 더 많은 매개변수를 가지는 모델에서 자주 일어나는 현상입니다. 오버피팅
은 예측의 성능을 떨어뜨리므로 피하는 것이 좋습니다.

우리 모델에서는 마지막 소프트맥스 계층 전에 `tf.nn.dropout` 함수를 사용하
여 드롭아웃을 적용합니다. 그 전에 뉴런이 드롭아웃되지 않을 확률을 저장할
플레이스홀더를 만듭니다.

```
keep_prob = tf.placeholder("float")
h_fc1_drop = tf.nn.dropout(h_fc1, keep_prob)
```

마지막으로 이전 장에서 했던 것처럼 모델에 소프트맥스 계층을 추가합니다. 소
프트맥스 함수는 입력 이미지가 각 클래스(여기서는 0~9까지 숫자)에 속할 확
률을 리턴하며 이 확률의 전체 합은 1이 된다는 점을 떠올려주세요. 다음과 같
이 소프트맥스 계층을 만듭니다.

```
W_fc2 = weight_variable([1024, 10])
b_fc2 = bias_variable([10])

y_conv=tf.nn.softmax(tf.matmul(h_fc1_drop, W_fc2) + b_fc2)
```

---

6 '과적합' 또는 '과대적합'이라고도 합니다.

5.3 모델 훈련 및 평가

이제 합성곱 계층과 완전 연결 계층의 가중치를 최적화하여 레이블 달린 이미지가 어떤 클래스에 속할지 예측하는 모델을 훈련시킬 준비를 마쳤습니다. 모델이 얼마나 잘 수행되는지 알기 위해서는 이전 장의 예제들이 했던 방식을 따라야 합니다.

아래 코드는 한 가지만 빼고는 이전 장의 예제와 매우 유사합니다. 경사 하강법 최적화 알고리즘을 **ADAM 최적화 알고리즘**으로 바꿨습니다. 텐서플로 API 문서에 따르면 ADAM 최적화 알고리즘이 특정한 장점을 가졌기 때문입니다 (https://goo.gl/b94WgK).

또 앞서 언급한 드롭아웃 계층의 확률을 조절하는 추가 매개변수 keep_prob도 feed_dict 인수를 통해 전달합니다.

```
cross_entropy = -tf.reduce_sum(y_*tf.log(y_conv))
train_step = tf.train.AdamOptimizer(1e-4).minimize(cross_entropy)
correct_prediction = tf.equal(tf.argmax(y_conv,1), tf.argmax(y_,1))
accuracy = tf.reduce_mean(tf.cast(correct_prediction, "float"))

sess = tf.Session()

sess.run(tf.global_variables_initializer())
for i in range(1000):
  batch = mnist.train.next_batch(100)
  if i%100 == 0:
    train_accuracy = sess.run(accuracy,
      feed_dict={x:batch[0], y_: batch[1], keep_prob: 1.0})
    print("step %d, training accuracy %g"%(i, train_accuracy))
  sess.run(train_step,
      feed_dict={x: batch[0], y_: batch[1], keep_prob: 0.5})
```

```
print("test accuracy %g"% sess.run(accuracy,
    feed_dict={x: mnist.test.images, y_: mnist.test.labels, keep_prob: 1.0}))
```

이전의 모델과 마찬가지로 전체 코드는 이 책의 깃허브 저장소에서 확인할 수 있습니다. 실행 결과 이 모델은 99.2%의 정확도를 내었습니다.

텐서플로를 이용하여 심층 신경망을 만들고 훈련시켜서 평가하는 간단한 안내도 이제 마무리되어갑니다. 이 장의 코드를 실행하면 이전 장의 예제들보다 눈에 띄게 많은 시간이 걸린다는 것을 알 수 있습니다. 많은 계층을 가진 네트워크는 훈련 시간이 많이 걸리기 때문입니다. 다음 장에서는 훈련 시간을 대폭 줄일 수 있는 GPU를 어떻게 사용하는지 설명합니다.

이 장의 코드가 있는 파일은 **CNN.py**이며, 이 책의 깃허브 저장소에서 찾을 수 있습니다. 편하게 볼 수 있도록 아래에 전체 코드를 실었습니다.

```
from tensorflow.examples.tutorials.mnist import input_data
mnist = input_data.read_data_sets('MNIST_data/', one_hot=True)
import tensorflow as tf

x = tf.placeholder("float", shape=[None, 784])
y_ = tf.placeholder("float", shape=[None, 10])

x_image = tf.reshape(x, [-1,28,28,1])
print "x_image="
print x_image

def weight_variable(shape):
  initial = tf.truncated_normal(shape, stddev=0.1)
  return tf.Variable(initial)

def bias_variable(shape):
  initial = tf.constant(0.1, shape=shape)
```

```
  return tf.Variable(initial)

def conv2d(x, W):
  return tf.nn.conv2d(x, W, strides=[1, 1, 1, 1], padding='SAME')

def max_pool_2x2(x):
  return tf.nn.max_pool(x, ksize=[1, 2, 2, 1], strides=[1, 2, 2, 1],
                        padding='SAME')

W_conv1 = weight_variable([5, 5, 1, 32])
b_conv1 = bias_variable([32])

h_conv1 = tf.nn.relu(conv2d(x_image, W_conv1) + b_conv1)
h_pool1 = max_pool_2x2(h_conv1)

W_conv2 = weight_variable([5, 5, 32, 64])
b_conv2 = bias_variable([64])

h_conv2 = tf.nn.relu(conv2d(h_pool1, W_conv2) + b_conv2)
h_pool2 = max_pool_2x2(h_conv2)

W_fc1 = weight_variable([7 * 7 * 64, 1024])
b_fc1 = bias_variable([1024])

h_pool2_flat = tf.reshape(h_pool2, [-1, 7*7*64])
h_fc1 = tf.nn.relu(tf.matmul(h_pool2_flat, W_fc1) + b_fc1)

keep_prob = tf.placeholder("float")
h_fc1_drop = tf.nn.dropout(h_fc1, keep_prob)

W_fc2 = weight_variable([1024, 10])
b_fc2 = bias_variable([10])

y_conv=tf.nn.softmax(tf.matmul(h_fc1_drop, W_fc2) + b_fc2)

cross_entropy = -tf.reduce_sum(y_*tf.log(y_conv))
```

```
train_step = tf.train.AdamOptimizer(1e-4).minimize(cross_entropy)
correct_prediction = tf.equal(tf.argmax(y_conv,1), tf.argmax(y_,1))
accuracy = tf.reduce_mean(tf.cast(correct_prediction, "float"))


sess = tf.Session()


sess.run(tf.global_variables_initializer())


for i in range(1000):
  batch = mnist.train.next_batch(100)
  if i%100 == 0:
    train_accuracy = sess.run(accuracy,
      feed_dict={ x:batch[0], y_: batch[1], keep_prob: 1.0})
    print("step %d, training accuracy %g"%(i, train_accuracy))
  sess.run(train_step,
      feed_dict={x: batch[0], y_: batch[1], keep_prob: 0.5})

print("test accuracy %g"% sess.run(accuracy,
  feed_dict={x: mnist.test.images, y_: mnist.test.labels, keep_prob: 1.0}))
```

6장

병렬처리

2015년 11월에 나온 텐서플로 패키지부터는 GPU를 이용하여 서버 안에서 동시에 모델을 훈련시키는 것이 가능해졌습니다. 2016년 2월 업데이트에서는 분산처리 및 병렬처리 기능이 추가되었습니다(정식으로 지원하는 버전은 4월에 나온 0.8 버전입니다).

이 장에서는 GPU를 사용하는 방법에 대해 소개합니다. GPU 디바이스가 어떻게 작동하는지 조금 더 알고 싶은 독자들을 위해 장 마지막에는 참고 자료 링크도 넣었습니다. 이 책에서는 분산 버전을 깊이 설명하지는 못하므로 관심 있는 독자들은 참고 자료를 확인해보십시오.

6.1 GPU 실행 환경

GPU를 지원하는 텐서플로 패키지를 사용하려면 CUDA Toolkit 7.0과 cuDNN 6.5 v2가 필요합니다. 설치에 관한 최신 정보와 자세한 설명은 빠르게 업데이트 되는 텐서플로 설치 문서(https://www.tensorflow.org/install)를 참고 해주세요. 각 플랫폼에 해당하는 문서에서 GPU 관련 문제와 해결법을 찾을 수 있습니다.

텐서플로에서 디바이스를 사용하는 방법은 다음과 같습니다.

- "/cpu:0" : 서버의 CPU를 지정함
- "/gpu:0" : 서버의 첫 번째 GPU를 지정함
- "/gpu:1" : 서버의 두 번째 GPU를 지정함. 세 번째 이후는 2, 3, 4, …식입니다.

연산 및 텐서가 어떤 디바이스에 할당되었는지 알고 싶다면 세션을 생성할 때 log.device.placement를 True로 지정해주면 됩니다. 다음과 같은 코드 예제를 참고해주세요.

```
import tensorflow as tf
a = tf.constant([1.0, 2.0, 3.0, 4.0, 5.0, 6.0], shape=[2, 3], name='a')
b = tf.constant([1.0, 2.0, 3.0, 4.0, 5.0, 6.0], shape=[3, 2], name='b')
c = tf.matmul(a, b)

sess = tf.Session(config=tf.ConfigProto(log_device_placement=True))
print sess.run(c)
```

독자들이 이 코드를 각자 컴퓨터에서 실행해보면 다음과 유사한 출력이 보일 겁니다.

```
...
Device mapping:
/job:localhost/replica:0/task:0/gpu:0 -&gt; device: 0, name: Tesla K40c,
pci bus id: 0000:08:00.0
...
b: /job:localhost/replica:0/task:0/gpu:0
a: /job:localhost/replica:0/task:0/gpu:0
MatMul: /job:localhost/replica:0/task:0/gpu:0
...
[[ 22.  28.]
 [ 49.  64.]]
...
```

또한 출력 결과로부터 어떤 부분이 어디서 실행되는지 알 수 있습니다.

만약 특정한 디바이스에서 지정된 연산이 실행되도록 하고 싶다면, 시스템이 자동으로 디바이스를 선택하게 하는 대신 **tf.device** 변수를 사용하여 디바이스 콘텍스트[1]를 만들면 됩니다. 그러면 그 콘텍스트 안에서 수행되는 모든 연산이

---

1 파이썬의 with 문을 이용합니다.

같은 디바이스에서 수행됩니다.

만약 시스템에 GPU가 둘 이상이라면 인덱스 번호가 작은 GPU가 기본값으로 선택됩니다. 서로 다른 GPU에서 연산을 실행시키려면 GPU를 명시적으로 지정해야 합니다. 예를 들면 세 번째 GPU에서 위 코드를 실행하려면 다음과 같이 `tf.device('/gpu:2')`로 지정합니다.[2]

```
import tensorflow as tf

with tf.device('/gpu:2'):
  a = tf.constant([1.0, 2.0, 3.0, 4.0, 5.0, 6.0], shape=[2, 3], name='a')
  b = tf.constant([1.0, 2.0, 3.0, 4.0, 5.0, 6.0], shape=[3, 2], name='b')
  c = tf.matmul(a, b)

sess = tf.Session(config=tf.ConfigProto(log_device_placement=True))
print sess.run(c)
```

6.2 여러 GPU에서의 병렬처리

둘 이상의 GPU를 가지고 있다면 문제를 해결할 때 당연히 모든 GPU를 병렬로 사용하고 싶을 것입니다. 이렇게 여러 개의 GPU에 일을 시키도록 모델을 구성할 수 있습니다. 다음 예제를 보십시오.

```
import tensorflow as tf

c = []
```

---

2 이번 장에서 GPU를 사용할 수 없는 독자는 예제에서 `/gpu:n` 부분을 모두 `/cpu:0`으로 바꿔서 실행해야 합니다.

```
for d in ['/gpu:2', '/gpu:3']:
  with tf.device(d):
    a = tf.constant([1.0, 2.0, 3.0, 4.0, 5.0, 6.0], shape=[2, 3])
    b = tf.constant([1.0, 2.0, 3.0, 4.0, 5.0, 6.0], shape=[3, 2])
    c.append(tf.matmul(a, b))
  with tf.device('/cpu:0'):
    sum = tf.add_n(c)

sess = tf.Session(config=tf.ConfigProto(log_device_placement=True))
print sess.run(sum)
```

이 코드는 이전 코드와 동일하지만 두 개의 GPU에 `tf.device`를 사용해 곱셈을 각각 할당하고(예를 간단하게 만들기 위해 두 GPU에 같은 계산을 시켰습니다) 나중에 CPU가 합산을 하도록 했습니다. `log_device_placement`를 True로 지정하여 어떻게 연산이 우리 디바이스에 분산되는지 확인할 수 있습니다. 아래 결과는 제가 있는 바르셀로나 슈퍼컴퓨팅 센터(BSC)에서 테슬라 K40 GPU 4개를 사용하는 서버에서 실행했을 때 결과입니다.

```
...
Device mapping:
/job:localhost/replica:0/task:0/gpu:0 -&gt; device: 0, name: Tesla K40c
/job:localhost/replica:0/task:0/gpu:1 -&gt; device: 1, name: Tesla K40c
/job:localhost/replica:0/task:0/gpu:2 -&gt; device: 2, name: Tesla K40c
/job:localhost/replica:0/task:0/gpu:3 -&gt; device: 3, name: Tesla K40c
...


...
Const_3: /job:localhost/replica:0/task:0/gpu:3
I tensorflow/core/common_runtime/simple_placer.cc:289] Const_3:
/job:localhost/replica:0/task:0/gpu:3
Const_2: /job:localhost/replica:0/task:0/gpu:3
I tensorflow/core/common_runtime/simple_placer.cc:289] Const_2:
```

```
/job:localhost/replica:0/task:0/gpu:3
MatMul_1: /job:localhost/replica:0/task:0/gpu:3
I tensorflow/core/common_runtime/simple_placer.cc:289] MatMul_1:
/job:localhost/replica:0/task:0/gpu:3
Const_1: /job:localhost/replica:0/task:0/gpu:2
I tensorflow/core/common_runtime/simple_placer.cc:289] Const_1:
/job:localhost/replica:0/task:0/gpu:2
Const: /job:localhost/replica:0/task:0/gpu:2
I tensorflow/core/common_runtime/simple_placer.cc:289] Const:
/job:localhost/replica:0/task:0/gpu:2
MatMul: /job:localhost/replica:0/task:0/gpu:2
I tensorflow/core/common_runtime/simple_placer.cc:289] MatMul:
/job:localhost/replica:0/task:0/gpu:2
AddN: /job:localhost/replica:0/task:0/cpu:0
I tensorflow/core/common_runtime/simple_placer.cc:289] AddN:
/job:localhost/replica:0/task:0/cpu:0
[[  44.   56.]
 [  98.  128.]]
...
```

6.3 GPU 코드 예제

이번 장을 마무리하기 위해 아이메리크 다미앵[Aymeric Damien]이 깃허브에 올린 코드(https://git.io/vKBII)를 기반으로 예제를 만들었습니다. 이 코드는 n이 10일 때 $A^n + B^n$을 1 GPU와 2 GPU에서 계산할 때 걸린 시간을 파이썬 datetime 패키지를 사용하여 비교한 것입니다. 이 예제를 실행하려면 시스템에 GPU가 두 개 이상 있어야 합니다.

먼저 필요한 라이브러리를 로드합니다.

```
import numpy as np
import tensorflow as tf
import datetime
```

numpy 패키지를 사용해 임의의 값으로 두 개의 행렬을 만듭니다.

```
A = np.random.rand(1e4, 1e4).astype('float32')
B = np.random.rand(1e4, 1e4).astype('float32')
```

그리고 n을 10으로 지정합니다. n이 클수록 계산이 오래 걸립니다.

```
n = 10
```

그다음 결과를 저장할 리스트 두 개를 만듭니다.

```
c1 = []
c2 = []
```

다음과 같이 거듭제곱을 구하는 matpow() 함수를 정의합니다.

```
def matpow(M, n):
    if n < 1:
        return M
    else:
        return tf.matmul(M, matpow(M, n-1))
```

앞에서 본 것처럼 하나의 GPU에서 실행할 코드는 다음과 같이 GPU를 지정해서 작성합니다.

```
with tf.device('/gpu:0'):
    a = tf.constant(A)
    b = tf.constant(B)
    c1.append(matpow(a, n))
    c1.append(matpow(b, n))

with tf.device('/cpu:0'):
    sum = tf.add_n(c1)

t1_1 = datetime.datetime.now()

with tf.Session(config=tf.ConfigProto(log_device_placement=True)) as sess:
    sess.run(sum)

t2_1 = datetime.datetime.now()
```

GPU를 두 개 사용하는 코드는 다음과 같습니다. 위 코드와 거의 같고 두 번째
GPU를 사용해 계산하는 부분이 추가되었을 뿐입니다.

```
with tf.device('/gpu:0'):
    a = tf.constant(A)
    c2.append(matpow(a, n))

with tf.device('/gpu:1'):
    b = tf.constant(B)
    c2.append(matpow(b, n))

with tf.device('/cpu:0'):
    sum = tf.add_n(c2)

t1_2 = datetime.datetime.now()

with tf.Session(config=tf.ConfigProto(log_device_placement=True)) as sess:
```

```
    sess.run(sum)

t2_2 = datetime.datetime.now()
```

마지막으로 연산에 걸린 시간을 출력합니다.

```
print "Single GPU computation time: " + str(t2_1 - t1_1)
print "Multi GPU computation time: " + str(t2_2 - t1_2)
```

6.4 분산 버전 텐서플로

앞에서 이야기한 것처럼 2016년 2월 구글은 프로세스 간 통신용 고성능 오픈소스 RPC 프레임워크인 gRPC를 사용한 텐서플로의 분산 버전을 발표했습니다 (텐서플로 서빙도 같은 프로토콜을 씁니다).

이 패키지는 소스로만 제공되다가 4월에 정식으로 발표되어 바이너리도 제공되기 시작했습니다. 이 책은 분산 버전에 대해서는 설명하지 않습니다. 이에 대해 알고 싶은 독자는 텐서플로 분산 버전의 깃허브 저장소(`https://git.io/vKBLU`)를 참고해주세요.

앞 장들과 마찬가지로 같이 이번 장에서 사용된 코드도 이 책의 깃허브 저장소에서 확인할 수 있습니다. 파일명은 `multiGPU.py`입니다.

GPU를 사용하여 어떻게 속도를 높일 수 있는지 이해하는 데 이 장의 내용이 도움이 되었기를 바랍니다.

7장

마치며

탐험은 혁신을 이끄는 원동력입니다.
혁신은 경제를 발전시킵니다.
그러니 우리 모두 탐험을 떠납시다.

– 에디스 위더Edith Widder[1]

이 책은 앞으로 다가올 기술 세상에서 분명히 커다란 역할을 하게 될 텐서플로를 어떻게 사용하는지 설명하는 워밍업 정도 수준의 입문서입니다. 물론 텐서플로 외에 다른 패키지들도 있고 각각 특정 문제에 잘 최적화되어 있습니다. 텐서플로 패키지 외에 다른 도구도 공부해보세요.

이런 패키지들에는 다양한 면면들이 있습니다. 어떤 것은 다른 것보다 전문화되어 있고 어떤 것은 그렇지 않기도 합니다. 어떤 패키지들은 다른 것보다 설치하기가 어렵기도 합니다. 어떤 도구는 문서화가 잘되어 있는 반면, 어떤 것들은 어떻게 쓰는지 자세한 정보를 찾기는 어려우나 작동하는 데는 아무런 문제가 없기도 합니다.

구글이 텐서플로를 출시한 다음 날 읽은 트윗(`http://bit.ly/29zIDPU`)에서 느낀 점이 있습니다. 2010~2014년 동안 새로운 딥 러닝 패키지가 47일마다 출시되었고, 2015년에는 22일마다 출시되었다고 합니다. 놀랍지 않은가요? 'Awesome Deep Learning' 문서(`https://git.io/vKBLx`)를 보면 방대한 관련 자료 목록이 정리되어 있습니다.

의심할 바 없이 딥 러닝 분야는 2015년 11월 구글의 텐서플로 출시에 크게 영향을 받았습니다. 현재 텐서플로는 독보적으로 깃허브에서 가장 인기 있는 머신 러닝 라이브러리입니다(`https://github.com/showcases/machine-learning`).

---

1 TED 강연(`http://bit.ly/29yCF2y`)으로 잘 알려진 해양학자로서 거대 오징어의 영상을 최초로 담아냈습니다.

두 번째로 깃허브에서 인기 있는 머신 러닝 라이브러리는 파이썬의 사실상 공식 범용 머신 러닝 프레임워크인 사이킷-런scikit-learn입니다. 사이킷런을 사용하는 유저는 구글에서 만든 텐서플로의 간소화된 인터페이스인 **사이킷 플로**Scikit Flow를 사용해서 텐서플로를 쓸 수 있습니다. 사이킷 플로는 2016년 4월경 텐서플로 소스에 통합되었습니다.

실제적으로 사이킷 플로는 사이킷런과 유사한 방식으로 신경망을 훈련하고 최적화해주는 텐서플로 라이브러리용 고수준 래퍼wrapper입니다. 이 라이브러리는 선형 모델에서 딥 러닝까지 폭넓게 커버합니다.

저의 개인적인 의견으로는 텐서플로 분산 버전, 텐서플로 서빙, 사이킷 플로의 출시된 이후, 텐서플로가 사실상 딥 러닝 라이브러리의 주류가 될 것이라 생각합니다.

딥 러닝은 음성인식, 이미지 인식, 물체 감지 등 많은 분야에 어마어마한 기술의 발전을 가져왔습니다. 미래에는 어떻게 될까요? 네이처에 실린 얀 르쿤 등의 리뷰(http://go.nature.com/29FcZ40)에 따르면 그 답은 바로 자율 학습에 있습니다. 이들은 자율 학습이 지도 학습보다 장기적인 측면에서 더 중요해지리라고 전망합니다. 사람과 동물의 학습은 크게 보면 자율 학습입니다. 우리는 사물의 이름을 불러서 이해하는 것이 아니라 관찰함으로써 세상을 구성하는 것들을 이해합니다.

또한 이들은 강화 학습reinforcement learning을 이용하는 순환 신경망(RNN)과 CNN을 결합한 시스템이 미래에 크게 발전하리라는 큰 기대를 품고 있습니다. RNN은 은닉 유닛에서 지난 시퀀스의 원소를 기억하면서 한 번에 하나의 원소를 시퀀스 입력으로 처리합니다. 텐서플로로 RNN을 구현하는 방법에 대해서는 텐서플로 공식 튜토리얼에서 순환 신경망 문서(https://goo.gl/STQcMm)를 참고하세요.

한편으로는 딥 러닝 분야가 직면한 많은 난관이 있습니다. 학습 시간 때문에 새로운 종류의 슈퍼컴퓨터가 요구되는 상황입니다. 급격히 늘어나고 있는 여러 종류의 막대한 양의 데이터를 해석하려면 고도의 빅데이터 분석 방법과 새롭게 부상하는 컴퓨팅 시스템의 놀라운 계산력을 통합해야 합니다. 이를 위해 아직 많은 연구가 필요합니다.

과학의 발전은 하나의 뛰어난 아이디어가 아니라 보통 여러 학문에서 많은 사람이 길고 지속적으로 노력한 결과로 이루어집니다. 딥 러닝, 일반적으로 말하면 머신 러닝도 예외는 아닙니다. 우리는 학제간 연구가 커다란 역할을 맡게 될 아주 놀라운 시기로 접어들고 있습니다. 바로 바르셀로나의 카탈루냐 공과대학교와 바르셀로나 슈퍼컴퓨팅 센터가 고성능 컴퓨팅과 빅데이터 기술을 함께 연구한 것처럼 말입니다.

한국어판 부록:
순환 신경망과 LSTM

지금까지 텐서플로를 이용해 간단한 딥 러닝 실습을 했습니다. 다만, 원서가 입문서 목적에 충실하다 보니 오늘날 딥 러닝에서 많이 쓰이는 순환 신경망을 다루지 않아 아쉬운 점이 있었습니다. 이에 옮긴이로서 한국 독자들을 위해 순환 신경망을 텐서플로로 구현해보는 부록을 준비했습니다.

앞서 보았던 합성곱 신경망은 하나의 이미지 안에서 정보를 추출해내는 데는 유용하지만 이미지들 간의 변화를 예측하고자 할 때는 적용하기 어렵습니다. 합성곱 신경망은 현재의 데이터만을 이용하여 추론을 하기 때문입니다.

하지만 우리는 종종 연속된 데이터를 이용하여 앞으로 다가올 데이터를 추측하거나 새로운 데이터에 대해 효과적인 판단을 필요로 하는 문제들과 맞닥뜨리게 됩니다. 이런 문제들이 발생하는 대표적인 분야는 언어 모델링, 자연어 처리, 번역 등입니다.

A.1 순환 신경망 알고리즘

사람은 대화하거나 글을 읽을 때 이전의 맥락을 이해하면서 현재의 단어를 이해합니다. 그래서 우리는 다른 사람들과 대화할 때 장단 모음의 세밀한 구분을 하지 않아도 하늘에서 내리는 눈과 얼굴의 눈 중 어떤 것을 말하는 것인지 쉽게 알 수 있습니다. 보통의 신경망 알고리즘으로는 위와 같은 데이터의 맥락을 학습시킬 수가 없습니다. 그래서 이런 단점을 해결하고자 **순환 신경망**recurrent neural network (RNN) 알고리즘이 개발되었습니다.

순환 신경망에서 순환recurrent한다는 의미는 다음 그림에서 볼 수 있듯이 신경망의 뉴런에서 나온 정보가 다시 재사용되도록 순환되기 때문입니다.

그림 A-1 재사용되는 정보

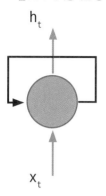

즉 이전의 데이터를 사용하여 학습된 뉴런의 어떤 상태 정보가 다음 데이터를
이용하여 뉴런을 학습시킬 때 다시 사용되는 것입니다. 그런 의미에서 순환 신
경망을 종종 아래 그림처럼 시계열로 펼쳐서 나타내기도 합니다.

그림 A-2 시계열로 나타낸 순환 신경망의 뉴런

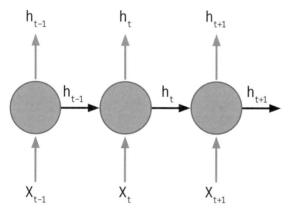

그림에서 볼 수 있듯이 어떤 시간(t)의 뉴런에는 그 이전 시간($t-1$)에 생성된
뉴런의 상태가 주입되어 새로운 상태가 만들어지고, 그 데이터는 다시 그 이후
시간($t+1$)에 입력되는 구조입니다. 순환 신경망에서는 종종 이런 뉴런을 메모
리 셀memory cell 혹은 그냥 셀cell이라고 부릅니다.

셀에서 만들어지는 상태 데이터는 보통 **은닉 상태**hidden state라고 부릅니다. 기본적인 순환 신경망의 은닉 상태를 계산하는 방법은 이전의 은닉 상태와 현재 입력 값을 어떤 가중치 W로 곱하고 편향 값 b를 더하는 것입니다. 이는 앞서 보았던 합성곱 신경망에서도 사용하는 선형적인 계산입니다. 활성화 함수로는 주로 하이퍼볼릭 탄젠트hyperbolic tangent 함수를 사용합니다.

$$h_t = \tanh(W(h_{t-1}, x_t) + b)$$

이렇게 계산된 은닉 상태는 상위 계층으로 전달되고 또 그다음 은닉 상태 계산을 위해서 재사용됩니다. 셀에서 사용하는 이전의 은닉 상태는 과거 문맥에 관한 정보를 가지고 있기 때문에 현재 나타날 데이터를 예측하는 데 도움을 줄 수 있습니다.

A.2 LSTM 순환 신경망 알고리즘

하지만 기본적인 순환 신경망은 비교적 짧은 거리에 있는 문맥의 정보를 실어 나르므로 멀리 떨어진 데이터 간의 연관 정보는 파악하기가 어렵습니다. 이런 것을 지각 시스템의 용어를 빌려 '기본적인 순환 신경망은 단기기억short-term memory을 저장할 수 있다'고 표현합니다.

언어 모델링의 예를 들면 "나는 중학생입니다. … 매일 아침 (　)에 갑니다"라는 문장에서 우리가 괄호 안에 들어갈 말을 예측한다면 아마 '학교'일 것입니다. 하지만 학생이라는 정보가 꽤 멀리 떨어져 있다면 기본적인 순환 신경망 알고리즘으로 이 정보를 멀리까지 실어 나르기는 어렵습니다.

이런 단점을 개선하기 위해서 **LSTM**^{long short-term memory}[1] 순환 신경망 알고리즘이 등장하였습니다. 말 그대로 단기기억을 더 길게 유지시켜주는 이 알고리즘은 기본 순환 신경망 알고리즘의 효과를 크게 향상시켜주므로 여러 분야에 걸쳐 널리 사용되고 있습니다.

LSTM 순환 신경망의 기본 구조는 기본적인 순환 신경망과 동일하나 메모리 셀에서의 상태를 좀 더 복잡하게 계산합니다. LSTM 순환 신경망은 은닉 상태와 셀 상태^{cell state} 두 가지를 계산합니다. 은닉 상태(h)는 상위 계층의 입력 값으로 전달되고 다음번 계산을 위해서도 전달되지만 셀 상태(c)는 상위 계층으로는 전달되지 않습니다. 그림으로 표현하면 다음과 같습니다.

그림 A-3 LSTM 순환 신경망의 뉴런

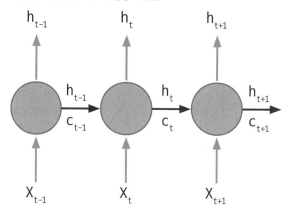

계산식을 단순하게 표현하기 위해 이전 셀의 은닉 상태(h_{t-1})와 현재 입력 값(x_t)에 가중치를 곱한 선형 계산의 결과를 p라고 하겠습니다. 다음 식은 가중치 W가 h_{t-1}와 x_t를 행 벡터처럼 연결하여 하나의 행렬로 만든 후에 곱해진다는 것을 나타냅니다.

---

1 '장단기기억'이라고도 합니다.

$$p = W(h_{t-1}, x_t) + b$$

사실 h_{t-1}와 x_t에 각각 다른 가중치가 곱해지는 것이지만 두 개의 가중치를 하나의 행렬로 연결하여 표현하는 것이 편리하고 실제 행렬 연산에도 유리합니다.

LSTM 순환 신경망은 새로운 셀 상태(c_t)를 계산하기 위해 **삭제 게이트**forget gate 와 **입력 게이트**input gate 두 가지를 이용합니다. 삭제 게이트(f_t)는 이전 셀 상태의 값 중 삭제해야 할 정보를 학습시키기 위한 것이고 입력 게이트(i_t)는 새롭게 추가해야 할 정보를 학습하게 도와줍니다.

다음 식에서 볼 수 있듯이 삭제 게이트(f_t)는 이전 셀 상태(c_{t-1})와 p에 시그모이드 활성화 함수를 적용한 것을 곱하여 계산합니다. 입력 게이트(i_t)는 p에 시그모이드 활성화 함수를 적용한 것과 p에 하이퍼볼릭 탄젠트 활성화 함수를 적용한 것을 곱하여 구합니다. 최종적으로 현재 셀 상태(c_t)는 삭제 게이트 결과와 입력 게이트 결과를 더해서 구합니다. 식에서 p의 첨자가 서로 다르게 붙은 것은 각기 다른 가중치 행렬이 적용되는 것을 표현한 것입니다.

$$f_t = c_{t-1} \times \text{sigmoid}(p_f)$$
$$i_t = \text{sigmoid}(p_i) \times \tanh(p_j)$$
$$c_t = f_t + i_t$$

은닉 상태(h_t)의 계산은 위에서 구한 현재의 셀 상태(c_t)에 하이퍼볼릭 탄젠트 활성화 함수를 적용하고 p에 시그모이드 활성화 함수를 적용한 것을 곱합니다.

$$h_t = \tanh(c_t) * \text{sigmoid}(p_o)$$

계산된 c_t와 h_t는 다음번에 셀의 상태를 계산하기 위해서 저장되었다가 전달됩니다. 이와 같은 계산이 계층의 모든 뉴런에 동일하게 적용됩니다.

LSTM 순환 신경망은 인기가 많아 널리 사용되는 만큼 저마다 조금씩 변형되어 사용되곤 합니다. 텐서플로에서는 삭제 게이트를 계산할 때 사용되는 시그모이드 함수 안에 삭제 게이트를 위한 편향 값을 추가로 넣을 수 있는 것을 빼고는 여기서 살펴본 것과 동일하게 구현되어 있습니다.

A.3 오버피팅 문제

LSTM 순환 신경망에 대해 한 가지 더 살펴볼 것은 오버피팅을 막기 위한 드롭아웃 기법을 적용하는 방법에 대한 것입니다. 드롭아웃은 앞서 보았던 합성곱 신경망을 포함하여 일반적인 피드포워드feed forward 신경망에서 모델이 학습 데이터에 과다하게 치중되어 만들어지는 것을 막아주는 좋은 방법입니다. 하지만 순환 신경망 알고리즘에서는 드롭아웃을 적용하여 효과를 보기가 어렵습니다.

최근에 순환 신경망에 드롭아웃을 적용하는 방법이 새롭게 고안되었습니다. 이 방법은 순환 신경망의 출력 값의 흐름 중 수직 방향에 대해서만 드롭아웃을 적용하는 것입니다. 즉 순환되는 데이터에는 드롭아웃을 적용하지 않습니다.

다음 그림에서는 함수 D를 사용하여 드롭아웃이 적용되는 데이터를 구분하여 표현하였습니다.

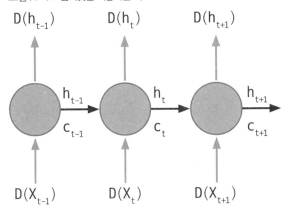

만약 입력 데이터 x_t가 드롭아웃되어 셀로 전달되지 못했다고 하면 그 정보는 h_t 와 c_t에도 포함되지 않습니다. x_t 데이터가 드롭아웃되지 않았더라도 $D(h_t)$에 서 드롭아웃되었다면 그 셀의 은닉 상태 h_t는 상위 계층으로 전달되지 못합니 다. 하지만 드롭아웃을 수평 방향으로는 적용하지 않으므로 h_t와 c_t는 다음번 셀의 은닉 상태와 셀 상태를 계산할 때 사용할 수 있습니다. 즉 x_t 데이터는 바 로 지금의 결과에는 영향을 미치지 못하지만 다음 차례 어디에선가는 출력에 영 향을 미칠 수 있게 됩니다.

최근에는 순환 방향으로도 정보를 누락하지 않으면서 드롭아웃을 적용하는 연 구가 발표되는 등 다양한 방법으로 오버피팅을 막기 위한 방법이 시도되고 있습 니다.

A.4 언어 모델링

이제 LSTM 순환 신경망의 이론에 대해 어느 정도 살펴보았으니 실제 예제를 사 용하여 모델을 구현해보겠습니다. 여기에서 사용할 예제는 텐서플로 공식 튜토리얼의 순환 신경망 문서(https://goo.gl/STQcMm)를 참고했습니다.

이 예제는 펜 트리 뱅크Penn Treebank(http://bit.ly/2aifngX) 데이터셋을 이용하여 언어 모델을 학습시키는 것입니다. 이 예제는 텐서플로 깃허브(https://git.io/vyB9H)에서도 다운로드할 수 있습니다. 여기에서는 텐서플로 사이트의 예제를 그대로 사용하지 않고 보기 편하게 필요한 부분만 조금씩 간추려 주피터 노트북으로 옮긴 버전을 사용하도록 하겠습니다. 이 주피터 노트북 파일도 옮긴이의 깃허브 저장소에서 확인할 수 있습니다.

먼저 학습에 필요한 데이터를 다운로드합니다.

```
$ wget http://www.fit.vutbr.cz/~imikolov/rnnlm/simple-examples.tgz
$ tar xvf simple-examples.tgz
```

윈도우를 사용할 경우는 브라우저를 사용해 다운로드한 뒤 .tgz 파일을 지원하는 압축 프로그램을 사용해 압축을 풉니다.

이 예제는 두 개의 파일로 이루어져 있습니다. ptb_word_lm.py는 텐서플로의 모델을 만들고 학습시키는 주요 파일이고 reader.py는 ptb_word_lm.py에서 학습 데이터를 읽거나 전처리하는 데 사용하는 유틸리티 파일입니다. reader.py는 수정 없이 그대로 이용할 것입니다.

우리가 사용할 데이터는 압축을 푼 simple-examples의 하위 폴더 중 data 폴더에 있는 ptb.train.txt, ptb.valid.txt, ptb.test.txt 파일 세 가지입니다. ptb.train.txt는 모델을 학습시킬 때 사용하며 ptb.valid.txt 파일을 사용하여 모델을 검증하고 최종적으로 ptb.test.txt 파일을 사용해서 모델의 성능을 평가할 것입니다.

A.5 클래스 설정

이 예제에서는 순환 신경망에 사용될 설정들을 모아서 간단한 클래스를 만들었습니다. SmallConfig, MediumConfig, LargeConfig, TestConfig 네 가지입니다. TestConfig는 모델을 검증하거나 테스트할 때 사용하고, 나머지는 사용하는 기기의 성능에 따라 선택합니다. GPU가 없는 개인용 컴퓨터에서 예제를 실행하려면 SmallConfig 설정을 선택하는 걸 권장합니다. 이 책에서도 SmallConfig 설정을 사용하여 진행하도록 하겠습니다. 다음은 SmallConfig 클래스 코드입니다.

```
class SmallConfig(object):
    """Small config."""
    init_scale = 0.1
    learning_rate = 1.0
    max_grad_norm = 5
    num_layers = 2
    num_steps = 20
    hidden_size = 200
    max_epoch = 4
    max_max_epoch = 13
    keep_prob = 1.0
    lr_decay = 0.5
    batch_size = 20
    vocab_size = 10000
```

init_scale은 가중치 행렬을 랜덤하게 초기화할 때 생성되는 값의 범위를 지정합니다. learning_rate는 경사 하강법을 사용할 때 학습 속도를 조절하기 위한 변수입니다. 학습 속도는 learning_rate와 lr_decay를 곱하여 구해지는데 lr_decay가 학습이 반복될 때마다 작아지게 됩니다. 즉 학습 속도가 초기에는 높아서 오차함수 위를 빠르게 이동하지만 최적 값에 가까워지면서 점차 조

심스럽게 수렴하게 될 것입니다. 전체 학습은 max_max_epoch 값인 13회가 반복되는데 그중에서 max_epoch 값이 다 커질 때까지는(5회까지는) 초기 학습 속도가 유지됩니다. 아래 코드는 반복 루프 안에서 학습 속도를 조절하는 루프입니다.

```
for i in range(config.max_max_epoch):
    lr_decay = config.lr_decay ** max(i - config.max_epoch, 0.0)
    m.assign_lr(session, config.learning_rate * lr_decay)
    print("Epoch: %d Learning rate: %.3f" % (i + 1, session.run(m.lr)))
```

config.lr_decay가 소수이므로 제곱 수가 커지면서 빠르게 lr_decay가 작아지게 됩니다. 모델에 설정되는 학습 속도는 이렇게 계산된 lr_decay와 config.learning_rate를 곱해서 구해집니다.

max_grad_norm은 구해진 기울기gradient 값이 과다하게 커지는 것을 막아주기 위한 상한을 설정하는 데 사용합니다. 경사 하강법을 사용하여 모델을 학습시킬 때 구해진 기울기의 L2 노름L2-norm을 구해서 max_grad_norm보다 클 경우 그 배수만큼 나누어 기울기 값을 줄여줍니다. 이러한 기법을 기울기 클리핑clipping이라고 합니다(http://arxiv.org/pdf/1211.5063.pdf).

num_layers는 순환 신경망을 구성할 계층의 개수를 지정합니다. 여기서는 두 개의 계층을 지정했습니다. hidden_size는 한 계층에 배치할 뉴런의 수, 즉 셀의 개수를 지정합니다. hidden_size가 200이고 계층이 2이므로 이 순환 신경망의 전체 뉴런의 수는 400개가 됩니다.

num_step의 값은 순환 신경망을 사용하여 연속적으로 처리할 데이터 양을 지정합니다. 즉 num_step 횟수만큼 셀의 가중치를 학습시킨 후 경사 하강법을 사용하여 기울기를 업데이트할 것입니다. keep_prob는 드롭아웃하지 않을 확률을 지정합니다. SmallConfig의 경우 keep_prob가 1.0이므로 드롭아웃을 사용하지 않는다는 의미입니다.

이 예제에서는 모델의 매개변수를 매번 학습시킬 때 전체 데이터를 사용하지 않고 속도를 높이기 위해 학습 데이터의 일부만을 사용하여 최적 값을 찾아가는 미니배치^{mini-batch} 방식을 사용합니다. `batch_size`는 미니배치 데이터의 크기를 지정합니다.

우리가 사용할 학습 데이터 ptb.train.txt에는 고유한 단어가 1만 개 들어 있습니다. 설정 클래스의 `vocab_size`에 이 값이 지정되어 있습니다.

A.6 학습 데이터

우리가 학습에 사용할 ptb.train.txt 파일의 일부분을 살짝 들여다보겠습니다. 이 데이터는 42,068개 라인으로 되어 있고 전체 단어 수는 929,589입니다. 각 문장은 줄바꿈 문자로 나뉘어 있고 모두.소문자로 되어 있으며 희귀한 단어는 <unk>로 표시되어 있고 숫자는 N으로 바뀌어 있습니다.

```
 we have no useful information on whether users are at risk said james
a. <unk> of boston 's <unk> cancer institute
 dr. <unk> led a team of researchers from the national cancer institute
and the medical schools of harvard university and boston university
 the <unk> spokeswoman said asbestos was used in very modest amounts
in making paper for the filters in the early 1950s and replaced with a
different type of <unk> in N
 from N to N N billion kent cigarettes with the filters were sold the
company said
```

프로그램 실행은 reader.py의 `ptb_raw_data` 함수를 사용하여 학습 데이터를 읽어 들이는 것부터 시작됩니다. `ptb_raw_data` 함수는 ptb.train.

txt 파일의 모든 내용을 읽어서 단어가 나타나는 횟수가 높은 순으로 정렬을 합니다.

예를 들면 가장 많이 나타나는 단어는 the가 50,770회이고 그다음은 <unk>가 45,020입니다. 그런 후에 정렬된 단어 순으로 차례대로 번호를 부여합니다. 즉 the는 0번이 되고 <unk>는 1번이 됩니다. 우리는 이미 이 학습 데이터의 고유한 단어 수가 10,000개임을 알고 있습니다. 따라서 단어에 부여되는 번호는 0에서 9,999까지가 됩니다.

고유한 단어별로 부여된 번호를 가지고 있으므로 ptb.train.txt, ptb.valid.txt, ptb.test.txt를 차례로 읽어서 나타나는 단어를 모두 숫자로 바꿀 수 있습니다. 결과적으로 우리가 ptb_raw_data를 통해서 받는 데이터는 이렇게 단어를 숫자로 바꾼 리스트입니다.

```
raw_data = reader.ptb_raw_data('simple-examples/data')
train_data, valid_data, test_data, _ = raw_data
```

reader.py의 또 하나 중요한 함수는 ptb_iterator입니다. 학습 데이터를 배치 개수로 나누어 num_step의 크기만큼 나누어 읽어오는 역할을 합니다. 전체 학습 데이터를 batch_size인 20개로 나누면 각 배치의 크기는 46,479개가 됩니다. 약간 남는 데이터는 무시하고 batch_size로 나눈 데이터를 [20, 46479] 크기의 2차원 배열로 만듭니다.

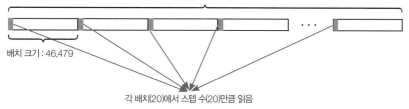

그림 A-5 학습 데이터를 배치 개수로 나누고 읽어오기

총 20개의 배치

배치 크기 : 46,479

각 배치(20)에서 스텝 수(20)만큼 읽음

ptb_iterator 함수는 호출될 때마다 이 2차원 배열에서 num_step 크기인 20 개씩 각 배치에서 읽어서 [20, 20] 배열을 미니배치용 학습 데이터로 리턴합니다. 미니배치 알고리즘은 전체 데이터를 무작위로 섞은 후에 추출하는 것이 보통이지만 순환 신경망에서는 순차적인 데이터 처리를 해야 하기 때문에 미니배치 데이터를 추출하는 방법을 조금 다르게 해야 합니다. 일반적으로 전체 데이터에서 문장 단위로 나누어 임의의 순서대로 섞을 수 있으나 이 예제에서는 20 개의 배치를 나누어 조금씩 읽어오는 방법을 사용했습니다.

언어 모델에서 우리가 예측하고자 하는 것은 바로 다음에 나올 단어입니다. 따라서 입력 데이터에 대응하는 레이블 데이터는 입력 데이터보다 하나 앞에 있는 데이터가 됩니다.

A.7 모델 생성 클래스

앞서 설명한 것처럼 설정은 조금 다르지만 학습, 검증, 테스트에 모두 동일한 모델을 사용합니다. 따라서 세 가지의 모델을 각기 만들지 않고 사용할 신경망 모델을 만들어주는 PTBModel 클래스를 만들어 설정을 바꾸어가며 학습, 검증, 테스트에서 사용하겠습니다.

```
with tf.variable_scope("model", reuse=None, initializer=initializer):
    m = PTBModel(config, is_training=True)
with tf.variable_scope("model", reuse=True, initializer=initializer):
    mvalid = PTBModel(config)
    mtest = PTBModel(eval_config)


tf.global_variables_initializer().run()


for i in range(config.max_max_epoch):
    lr_decay = config.lr_decay ** max(i - config.max_epoch, 0.0)
    m.assign_lr(session, config.learning_rate * lr_decay)
```

PTBModel 클래스는 초기화 함수 __init__에서 텐서플로를 사용하여 신경망 모델을 모두 구성합니다. 그 외 계산된 학습 속도를 입력받는 assign_lr 함수가 있습니다.

텐서플로에서 제공하는 순환 신경망 클래스 중에서 PTBModel 클래스에서 사용하는 순환 신경망의 클래스는 BasicLSTMCell 클래스입니다. BasicLSTMCell 클래스를 이용하여 LSTM 셀을 생성한 후 MultiRNNCell 클래스를 이용해 두 개의 계층을 가진 순환 신경망을 만듭니다. SimpleConfig에서는 keep_prob 가 1.0이므로 DropoutWrapper 클래스는 적용되지 않습니다.

앞에서 보았듯이 모델에 입력되는 학습 데이터는 단어가 일련의 숫자로 변경된 [20, 20] 배열 데이터입니다. 이 숫자는 0에서 9,999까지로 각 단어가 나타났을 때 단어의 벡터 표현(word2vec)을 만들기 위해 단어 임베딩^{embedding} 작업을 수행합니다(https://goo.gl/OGPUCc). 그 결과 입력 데이터 inputs은 최종적으로 [20, 20, 200] 행렬이 됩니다.

```
lstm_cell = BasicLSTMCell(size, forget_bias=0.0, state_is_tuple=True)
# SmallConfig에서는 드롭아웃이 적용되지 않습니다.
if is_training and config.keep_prob < 1:
    lstm_cell = DropoutWrapper(lstm_cell, config.keep_prob)
# 두 개의 계층을 가진 신경망 구조를 만듭니다.
cell = MultiRNNCell([lstm_cell] * config.num_layers, state_is_tuple=True)
...
with tf.device("/cpu:0"):
    embedding_size = [config.vocab_size, config.hidden_size]
    embedding = tf.get_variable("embedding", embedding_size)
    inputs = tf.nn.embedding_lookup(embedding, self.input_data)
```

BasicLSTMCell과 MultiRNNCell을 만들 때는 state_is_tuple을 True로 설정했습니다. 이 옵션은 0.9 버전에서 새롭게 추가된 것으로 성능 향상을 위해 셀 상태와 은닉 상태 데이터를 튜플로 관리하게 합니다(이 옵션을 True로 설정하지 않으면 추후 버전에서 기존의 방식이 삭제될 것이라는 경고가 발생합니다. 텐서플로 사이트 예제는 아직 state_is_tuple 옵션에 맞추어 수정되지 않았기 때문에 이 책에서는 이 옵션에 맞추어 예제 코드를 조금 수정했습니다).

소프트웨어적인 측면으로 보면 이 프로그램에서 BasicLSTMCell 클래스의 객체를 hidden_size인 200개만큼 생성하는 것은 아닙니다. 다만 이 클래스는 한 계층의 메모리 셀에 대응하는 셀 상태와 은닉 상태를 각각 200개씩 만들고 또 각 셀에서 계산해야 할 p_f, p_i, p_j, p_o에 대한 가중치 행렬을 모두 관리합니다.

다음은 입력 데이터를 한 스텝씩 셀에 주입하는 부분입니다. 우리는 미니배치 방식으로 입력 데이터 [20, 20, 200] 배열을 위에서 구했습니다. 이 배열의 첫 번째 인덱스는 20개로 나눈 배치의 개수를 나타내고, 두 번째 인덱스는 num_steps만큼 각 배치에서 읽어온 데이터를 의미합니다. 순환 신경망은 이전 데이터로 계산한 상태 정보가 전달되어야 하므로 셀에 입력되는 데이터는 20개의 배치에서 뽑은 데이터 안에서 순서대로 선택되어야 합니다. 즉 다음 코드에서 볼 수 있듯이 num_steps 값만큼 입력 데이터를 순회하면서 셀 객체를 실행합 니다. 결국 셀에 입력되는 최종 데이터는 [20, 200] 배열이 됩니다.

```
for time_step in range(config.num_steps):
    if time_step > 0: tf.get_variable_scope().reuse_variables()
    (cell_output, state) = cell(inputs[:, time_step, :], state)
    outputs.append(cell_output)
```

입력 데이터가 20개의 배치에서 하나씩 선택되어 전달되므로 셀의 상태 데이터 도 그에 따라 20개의 배치에 대응하여 상태 데이터가 섞이지 않도록 따로 구분 하여 저장해야 합니다. 따라서 셀 상태(c_t)와 은닉 상태(h_t)는 각각 [20, 200] 크기를 가진 텐서로 만들어집니다. cell_output은 상위 계층으로 전달되는 각 셀의 은닉 상태 h_t입니다.

마지막 계층의 cell_output 값은 소프트맥스 함수를 거쳐서 만 개의 단어 중 어떤 단어를 예측하는 결과를 만들어내게 됩니다. 다음 코드에서는 이 과정을 한 번에 처리해주는 sequence_loss_by_example 함수를 사용하여 소프트맥 스 함수와 크로스 엔트로피 계산을 처리합니다. 입력 데이터 inputs의 크기와 동일한 출력 값 outputs의 크기를 [20, 20, 200]에서 [400, 200]으로 변경하여 소프트맥스 함수에 적용합니다. 소프트맥스 계층의 가중치 행렬인 softmax_w 는 [200, 10000] 이고 편향 값인 b는 크기 [10000]의 행 벡터입니다. 결국 소프 트맥스 계층에서 계산되는 logits 텐서는 [400, 10000] 크기를 가집니다.

```
output = tf.reshape(tf.concat(outputs, 1), [-1, config.hidden_size])
softmax_w_size = [config.hidden_size, config.vocab_size]
softmax_w = tf.get_variable("softmax_w", softmax_w_size)
softmax_b = tf.get_variable("softmax_b", [config.vocab_size])
```

```
logits = tf.matmul(output, softmax_w) + softmax_b

loss = tf.nn.legacy_seq2seq.sequence_loss_by_example(
        [logits],
        [tf.reshape(self.targets, [-1])],
        [tf.ones([config.batch_size * config.num_steps])])
```

이 클래스의 마지막 부분에서는 경사 하강법으로 구해진 기울기를 `config.`
`max_grad_norm`을 기준으로 클리핑하고 경사 하강법 최적화 클래스
(`GradientDescentOptimizer`) 객체를 생성해서 모델의 매개변수들을 학습
시킵니다. 여기에서 학습될 매개변수는 [10000, 200] 크기의 단어 임베딩 행렬,
각 계층마다 [400, 800] 크기의 가중치 행렬과 [800] 크기의 편향 벡터, 소프트
맥스 계층의 [200, 10000] 크기의 가중치 행렬과 [10000] 크기의 편향 벡터입
니다.

```
grads, _ = tf.clip_by_global_norm(tf.gradients(self.cost, tvars),
                                  config.max_grad_norm)
optimizer = tf.train.GradientDescentOptimizer(self.lr)
self.train_op = optimizer.apply_gradients(zip(grads, tvars))
```

사실 한 계층의 p_f, p_i, p_j, p_o를 구하기 위해서 입력 데이터(x_t)와 이전의 은닉
상태(h_{t-1})에 곱해지는 가중치 행렬은 총 8개가 필요하고 셀의 개수가 200개이
므로 각 가중치 행렬의 크기는 [200, 200]입니다. 하지만 텐서플로에서는 가중
치 행렬을 모두 연결하여 한 번에 p_f, p_i, p_j, p_o를 계산합니다. 다음 그림처럼
8개의 가중치를 담은 하나의 큰 행렬을 이용하여 입력 데이터(x_t)와 이전의 은
닉 상태(h_{t-1})를 곱합니다. 그다음 그 결과 값을 네 개로 나누어 p_f, p_i, p_j, p_o로
사용합니다.

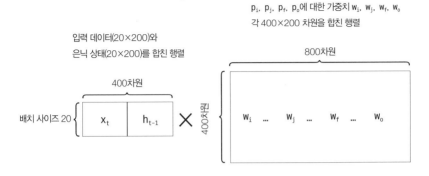

A.8 반복 함수

run_epoch 함수는 이렇게 만든 텐서플로 모델을 실행시키고 셀에서 나온 은닉 상태와 셀 상태 데이터를 업데이트하는 역할을 합니다. run_epoch 함수에서 우리는 설정 클래스의 max_max_epoch 값만큼 반복을 진행하여 오차를 최소화하고자 합니다. 반복 루프 안의 코드를 간결하게 하기 위해 별도의 run_epoch 함수를 만들었습니다. run_epoch 함수는 텐서플로의 세션 객체, PTBModel 객체, 학습 데이터를 전달받습니다.

텐서플로의 깃허브 저장소에 있는 예제와 이 책의 코드가 가장 크게 다른 점은 이 run_epoch 함수가 PTBModel 클래스에서 모델을 만들 때 설정한 state_is_tuple 옵션에 대응하도록 변경되었다는 점입니다. 이 옵션이 True로 지정되면 셀 상태와 은닉 상태 데이터가 하나의 텐서로 묶여 리턴되지 않고 튜플에 추가되어 리턴됩니다.

셀의 상태 데이터는 initial_state에 저장되어 있고, 이는 run_epoch 함수에서 num_steps만큼 배치에서 읽어서 모델을 학습시킨 후 다시 다음번 배치 데이터를 이용해 모델에 입력 데이터를 주입할 때 셀의 상태 데이터로 사용됩니다. batch_size가 20이므로 각 셀마다 20개의 상태 데이터를 저장해야 합니다. 즉 우리가 만든 모델이 한 계층에서 운영하는 셀의 수는 200개이지만 20개의 배치에서 하나의 단어씩 동시에 처리하므로 상태 데이터는 각 셀마다 20개씩 만들어집니다. 결국 initial_state는 두 개의 계층, 두 종류의 상태가 반영된 [2, 2] 크기의 튜플입니다. 튜플의 각 요소는 20개의 배치, 200개의 셀이 반영된 [20, 200] 크기의 텐서입니다.

session.run() 메서드에 들어갈 매개변수는 연산할 그래프들과 그래프에 주입할 텐서 리스트입니다. 연산할 텐서는 PTBModel 클래스의 cost, train_op, final_state 튜플에 담겨 있는 두 계층의 셀 상태와 은닉 상태 데이터입니다.

```
fetch_list = [m.cost]
for c, h in m.final_state:  # c is cell state, h is hidden state
    fetch_list.extend([c, h])
fetch_list.append(m.train_op)
```

다음은 그래프에 주입할 텐서를 준비하겠습니다. 텐서플로가 실제 연산을 시작하기 전에는 모델의 initial_state가 아직 평가가 되지 않은 상태이므로 eval() 메서드를 사용하여 feed_dict에 주입할 수 있도록 state_list에 담아놓습니다. feed_dict에 모델의 입력 데이터와 목표 데이터를 할당하고 initial_state를 순회하면서 셀 상태와 은닉 상태에 각각 state_list의 값을 할당합니다. 하나의 배치 연산이 끝나면 fetch_list에 들어 있는 final_state를 다음번 배치의 initial_state로 주입하기 위해 state_list 변수로 전달받습니다.[2]

---

2 이번 장의 코드 중 cost, *state_list, _ = ... 행은 파이썬 2에서는 지원되지 않는 기능을 사용합니다. 파이썬 2에서 실행하는 방법은 옮긴이 블로그를 참고해주세요.

```
state_list = []
for c, h in m.initial_state:
    state_list.extend([c.eval(), h.eval()])


ptb_iter = reader.ptb_iterator(data, m.batch_size, m.num_steps)
for step, (x, y) in enumerate(ptb_iter):
    …
    feed_dict = {m.input_data: x, m.targets: y}
    for i in range(len(m.initial_state)):
        c, h = m.initial_state[i]
        feed_dict[c], feed_dict[h] = state_list[i*2:(i+1)*2]

    cost, *state_list, _ = session.run(fetch_list, feed_dict)
```

A.9 결과

한눈에 볼 수 있도록 아래에 전체 코드와 주피터 노트북에서 실행한 결과를 실었습니다. 학습의 결과는 언어 모델링에서 자주 사용하는 **혼잡도**^{perplexity}를 계산하여 평가합니다. 혼잡도는 배치 반복 안에서 누적된 오차 값을 진행된 num_steps를 합한 값으로 나눈 것입니다. 이 예제에서 SmallConfig를 사용할 경우 최종 테스트 혼잡도는 120 이하가 되어야 합니다.

```
import time
import numpy as np
import tensorflow as tf
from tensorflow.contrib.rnn import BasicLSTMCell, MultiRNNCell,
    DropoutWrapper


import reader
```

```python
class SmallConfig(object):
    """Small config."""
    init_scale = 0.1
    learning_rate = 1.0
    max_grad_norm = 5
    num_layers = 2
    num_steps = 20
    hidden_size = 200
    max_epoch = 4
    max_max_epoch = 13
    keep_prob = 1.0
    lr_decay = 0.5
    batch_size = 20
    vocab_size = 10000

config = SmallConfig()
eval_config = SmallConfig()
eval_config.batch_size = 1
eval_config.num_steps = 1

class PTBModel(object):
    """The PTB model."""

    def __init__(self, config, is_training=False):
        self.batch_size = config.batch_size
        self.num_steps = config.num_steps
        input_size = [config.batch_size, config.num_steps]
        self.input_data = tf.placeholder(tf.int32, input_size)
        self.targets = tf.placeholder(tf.int32, input_size)

        lstm_cell = BasicLSTMCell(config.hidden_size, forget_bias=0.0,
                                  state_is_tuple=True)
        # SmallConfig에서는 드롭아웃이 적용되지 않습니다.
        if is_training and config.keep_prob < 1:
            lstm_cell = DropoutWrapper(lstm_cell, config.keep_prob)
        # 두 개의 계층을 가진 신경망 구조를 만듭니다.
```

```
cell = MultiRNNCell([lstm_cell] * config.num_layers,
                    state_is_tuple=True)

self.initial_state = cell.zero_state(config.batch_size, tf.float32)

with tf.device("/cpu:0"):
    embedding_size = [config.vocab_size, config.hidden_size]
    embedding = tf.get_variable("embedding", embedding_size)
    inputs = tf.nn.embedding_lookup(embedding, self.input_data)

# SmallConfig에서는 드롭아웃이 적용되지 않습니다.
if is_training and config.keep_prob < 1:
    inputs = tf.nn.dropout(inputs, config.keep_prob)

# 각 배치마다 순서대로 데이터를 뽑아 셀에 입력합니다.
outputs = []
state = self.initial_state
with tf.variable_scope("RNN"):
    for time_step in range(config.num_steps):
        if time_step > 0: tf.get_variable_scope().reuse_variables()
        (cell_output, state) = cell(inputs[:, time_step, :], state)
        outputs.append(cell_output)

# output의 크기를 20*20*200에서 400*200으로 변경
output = tf.reshape(tf.concat(outputs, 1), [-1,
                    config.hidden_size])
softmax_w_size = [config.hidden_size, config.vocab_size]
softmax_w = tf.get_variable("softmax_w", softmax_w_size)
softmax_b = tf.get_variable("softmax_b", [config.vocab_size])
# logits의 크기는 400*100000이 됩니다.
logits = tf.matmul(output, softmax_w) + softmax_b

loss = tf.nn.legacy_seq2seq.sequence_loss_by_example(
    [logits],
    [tf.reshape(self.targets, [-1])],
    [tf.ones([config.batch_size * config.num_steps])])
```

```python
        self.cost = tf.reduce_sum(loss) / config.batch_size
        self.final_state = state

        if not is_training:
            return

        self.lr = tf.Variable(0.0, trainable=False)
        tvars = tf.trainable_variables()
        # 기울기 클리핑을 수행합니다.
        grads, _ = tf.clip_by_global_norm(tf.gradients(self.cost, tvars),
                                          config.max_grad_norm)
        optimizer = tf.train.GradientDescentOptimizer(self.lr)
        self.train_op = optimizer.apply_gradients(zip(grads, tvars))

    def assign_lr(self, session, lr_value):
        session.run(tf.assign(self.lr, lr_value))


def run_epoch(session, m, data, is_training=False):
    """Runs the model on the given data."""
    epoch_size = ((len(data) // m.batch_size) - 1) // m.num_steps
    start_time = time.time()
    costs = 0.0
    iters = 0

    eval_op = m.train_op if is_training else tf.no_op()

    # initial_state는 20*200 텐서를 원소로 갖는 2*2 튜플입니다.
    state_list = []
    for c, h in m.initial_state:
        state_list.extend([c.eval(), h.eval()])

    ptb_iter = reader.ptb_iterator(data, m.batch_size, m.num_steps)
    for step, (x, y) in enumerate(ptb_iter):
        fetch_list = [m.cost]
        # final_state 튜플에 담긴 상태를 꺼내 fetch_list에 담습니다.
        for c, h in m.final_state:
```

```
            fetch_list.extend([c, h])
        fetch_list.append(eval_op)

        # 이전 스텝에서 구한 state_list가 feed_dict로 주입됩니다.
        feed_dict = {m.input_data: x, m.targets: y}
        for i in range(len(m.initial_state)):
            c, h = m.initial_state[i]
            feed_dict[c], feed_dict[h] = state_list[i*2:(i+1)*2]

        # fetch_list에 담긴 final_state의 결과를
        # state_list로 전달받습니다.
        cost, *state_list, _ = session.run(fetch_list, feed_dict)

        costs += cost
        iters += m.num_steps

        if is_training and step % (epoch_size // 10) == 10:
            print("%.3f perplexity: %.3f speed: %.0f wps" %
                    (step * 1.0 / epoch_size, np.exp(costs / iters),
                     iters * m.batch_size / (time.time() - start_time)))

    return np.exp(costs / iters)

raw_data = reader.ptb_raw_data('simple-examples/data')
train_data, valid_data, test_data, _ = raw_data

with tf.Graph().as_default(), tf.Session() as session:
    initializer = tf.random_uniform_initializer(-config.init_scale,
                    config.init_scale)

    # 학습, 검증, 테스트를 위한 모델을 만듭니다.
    with tf.variable_scope("model", reuse=None, initializer=initializer):
        m = PTBModel(config, is_training=True)
    with tf.variable_scope("model", reuse=True, initializer=initializer):
        mvalid = PTBModel(config)
        mtest = PTBModel(eval_config)
```

```python
tf.global_variables_initializer().run()

for i in range(config.max_max_epoch):
    # lr_decay는 반복 속도를 조절해주는 역할을 합니다.
    lr_decay = config.lr_decay ** max(i - config.max_epoch, 0.0)
    m.assign_lr(session, config.learning_rate * lr_decay)
    print("Epoch: %d Learning rate: %.3f" % (i + 1, session.run(m.lr)))

    perplexity = run_epoch(session, m, train_data, is_training=True)
    print("Epoch: %d Train Perplexity: %.3f" % (i + 1, perplexity))

    perplexity = run_epoch(session, mvalid, valid_data)
    print("Epoch: %d Valid Perplexity: %.3f" % (i + 1, perplexity))

perplexity = run_epoch(session, mtest, test_data)
print("Test Perplexity: %.3f" % perplexity)
```

아래는 모델을 학습시킨 출력 결과 중 일부입니다. 최종 테스트 혼잡도는 118 정도가 나왔습니다.

```
Epoch: 1 Learning rate: 1.000
0.004 perplexity: 5623.590 speed: 1776 wps
0.104 perplexity: 837.693 speed: 1834 wps
0.204 perplexity: 621.171 speed: 1819 wps
0.304 perplexity: 502.748 speed: 1811 wps
0.404 perplexity: 433.921 speed: 1813 wps
0.504 perplexity: 388.876 speed: 1812 wps
0.604 perplexity: 350.280 speed: 1811 wps
0.703 perplexity: 323.886 speed: 1809 wps
0.803 perplexity: 303.027 speed: 1803 wps
0.903 perplexity: 283.861 speed: 1800 wps
Epoch: 1 Train Perplexity: 269.491
Epoch: 1 Valid Perplexity: 178.930
```

```
Epoch: 2 Learning rate: 1.000

...

Epoch: 13 Learning rate: 0.004
0.004 perplexity: 54.537 speed: 1521 wps
0.104 perplexity: 41.354 speed: 1515 wps
0.204 perplexity: 45.195 speed: 1511 wps
0.304 perplexity: 43.301 speed: 1513 wps
0.404 perplexity: 42.580 speed: 1513 wps
0.504 perplexity: 41.916 speed: 1514 wps
0.604 perplexity: 40.579 speed: 1514 wps
0.703 perplexity: 39.964 speed: 1515 wps
0.803 perplexity: 39.277 speed: 1514 wps
0.903 perplexity: 37.932 speed: 1515 wps
Epoch: 13 Train Perplexity: 37.117
Epoch: 13 Valid Perplexity: 123.184
Test Perplexity: 118.012
```

A.10 텐서플로가 제공하는 LSTM 이외의 모델

LSTM 모델은 널리 사용되고 있을 뿐만 아니라 조금씩 변형된 다양한 모델이 많이 연구되고 있습니다. 그중 핍홀^{peephole} LSTM(http://bit.ly/2aR53AC)은 입력 게이트의 p_i를 계산할 때 입력 데이터(x_t)와 이전의 은닉 상태 데이터(h_{t-1}) 외에 이전의 셀 상태(c_{t-1})도 함께 사용하는 방법입니다. 또 현재의 은닉 상태(h_t)를 계산하기 위해 구하는 p_o에서 현재의 셀 상태(c_t)를 추가로 사용합니다.

뉴욕 대학교의 조경현 교수가 발표한 GRU$^{Gated Recurrent Unit}$ 순환 신경망(http://bit.ly/2anskWT)도 LSTM의 변종으로 볼 수 있습니다. GRU 순환 신경망은 입력 게이트와 삭제 게이트를 하나의 업데이트 게이트로 묶고 셀 상태와 은닉 상태를 합친 것이 특징입니다. 기본 LSTM 신경망보다 간단하기 때문에 많은 인기를 얻고 있습니다.

텐서플로에서는 기본 순환 신경망용 BasicRNNCell 클래스 외에도 우리가 예제에서 사용했던 BasicLSTMCell 클래스, 그리고 핍홀 기능을 사용할 수 있는 LSTMCell 클래스를 제공합니다. 또한 GRU 순환 신경망용 GRUCell 클래스도 제공합니다.

이 예제를 익히고 다양한 문제에 접목해보고 각 모델의 특성을 비교해보면 순환 신경망에 대해 좀 더 많은 것을 알 수 있을 것입니다. 딥 러닝 분야에서 챗봇이나 음성인식 등의 분야가 각광받는 만큼, 순환 신경망 알고리즘의 발전 속도도 매우 빠릅니다. 순환 신경망의 성능을 높이기 위한 다양한 정규화normalization 알고리즘에 대해서도 관심을 가지고 살펴보면 좋을 것 같습니다.

A.11 참고문헌

- Olah, Christopher. "Understanding LSTM Networks." Accessed July 28, 2016. http://colah.github.io/posts/2015-08-Understanding-LSTMs.
- Hochreiter, Sepp, and Jürgen Schmidhuber. "Long Short-Term Memory." *Neural Computation* 9, no. 8 (1997): 1735–1780. http://deeplearning.cs.cmu.edu/pdfs/Hochreiter97_lstm.pdf.
- Zaremba, Wojciech, Ilya Sutskever and Oriol Vinyals. "Recurrent Neural Network Regularization." *CoRR* abs/1409.2329 (2014). https://arxiv.org/abs/1409.2329.

박해선

INDEX